KB265158

삼색 기도

영성·감성·지성 기도

삼색 기도

지은이| 강준민, 장경철, 전병욱
펴낸날| 2006. 7. 5
5쇄발행| 2009. 3. 30
등록번호| 제 3-203호
등록된 곳| 서울시 용산구 서빙고동 95번지
발행처| 사단법인 두란노서원
영업부| 2078-3333 FAX 080-749-3705
출판부| 2078-3444

▌책값은 뒤표지에 있습니다.
ISBN 89-531-0671-0 03230
　　　978-89-531-0671-0 03230

▌독자의 의견을 기다립니다.
tpress@duranno.com   http://www.duranno.com

기도

삼색 기도

영성 · 감성 · 지성 기도

| 강준민 · 장경철 · 전병욱 지음 |

두란노

삼색 기도

삼색 기도

그리스도인들에게

기도보다 더 중요한 것은 없지만,

그리스도인이 가장 게을리하는 것이 기도이다.

…

제자들이 동네에 가서 전도하고 돌아왔을 때,

예수님이 그들을 산 위의 한적한 곳으로 이끄신 것을 생각하라.

마치 하나님이 없는 것처럼 말하고 행동하는

이 바쁜 세상에 우리는 살고 있으니,

더욱 주님께 돌아가 믿음과 사랑을 충전해야 한다.

죄 없는 분이 쉬지 않고 기도하셨다면,

우리 같은 연약한 죄인들은 얼마나 더 기도해야 하겠는가?

견고한 믿음을 가지고 구하라.

하나님은 의뢰하는 심령을 사랑하신다.

그분은 자녀에게 귀를 기울이는 자상한 아버지와 같다.

-프랑수아 페넬롱

기도의 사람이 아니면 아무도 하나님을 위해
위대한 일을 할 수 없다. -E. M. 바운즈

영성 기도　　　　　강준민

나를 변화시키고
하나님을 움직인다

1. 기도는 사랑, 사랑하면 닮는다

최고의 기도는 우리 마음과 영혼이 하나님의 사랑에 흠뻑 젖는 것입니다.
그 단계에 이르면 하나님의 존재와 그 풍성한 사랑만으로도 만족하게 됩니다.

영성적 기도에 대해서 말하려고 펜은 들었지만 사실 기도만큼은 늘 자신이 없습니다. 또 '나는 과연 내가 전하는 대로 살고 있는가?' 자문해 보는데, 그것도 자신이 없습니다. 그렇다고 아예 입을 다물 수는 없고 전하긴 전해야 하는데, 고민하는 제 마음에서 하나님이 이렇게 말씀하십니다.

"네가 전하다 보면 언젠가는 그대로 살 수 있지 않겠느냐? 그러니 용기를 가지고 전해라."

그래서 용기 있게, 그리고 조금 뻔뻔하게 기도에 대한 이야기를 해야 할 것 같습니다.

목회의 길을 걸어가면서 다른 것은 조금씩 자신이 생기는데 기도

만큼은 늘 자신이 없습니다. 설교도 많이 하게 되고 글도 많이 쓰게 되지만, 기도하는 삶은 늘 고민하게 됩니다. "목사님, 하루에 기도는 몇 시간이나 합니까?" 하고 물어 보면 할 말이 없습니다. 선뜻 대답하기가 쉽지 않습니다.

그런 제가 부족하더라도 영성적 기도에 대해서 나누는 이유는 독자와 같이 배우고 노력하자는 뜻입니다. 기도를 배워 가는 초심자로서, 기도하는 삶에 대해 고민하는 한 사람으로서 기도의 삶이 점점 나아질 수 있다는 기대를 가지고, 함께 씨름하면서 나누면 좋겠다는 생각입니다.

예수님도 기도하셨다!

지금 미국에는 '레노바레(renovare)'라는 영성 운동이 진행되고 있는데, 그 운동의 핵심 리더인 리처드 포스터 목사님이 미국 사람들이 모이는 레노바레 영성 수양회에서 영성에 관한 강의를 해 달라고 제게 부탁을 했습니다. 그때 함께 정했던 강의 주제가 "그리스도 안에 거하라"였습니다.

저는 이 주제로 요한복음 15장을 일 년 동안 계속 묵상했습니다. 참 좋고 너무나 행복했던 시간이었습니다. 지금도 요한복음 15장을 묵상하면 그때의 감동이 되살아납니다. 어찌 보면, 영성적 기도의 모

델을 담은 성경이 있다면 바로 요한복음 15장이 아닐까 하는 생각을
해 봅니다.

나는 포도나무요 너희는 가지니 저가 내 안에, 내가 저 안에 있으면 이 사
람은 과실을 많이 맺나니 나를 떠나서는 너희가 아무것도 할 수 없음이
라 사람이 내 안에 거하지 아니하면 가지처럼 밖에 버리워 말라지나니
사람들이 이것을 모아다가 불에 던져 사르느니라 너희가 내 안에 거하고
내 말이 너희 안에 거하면 무엇이든지 원하는 대로 구하라 그리하면 이
루리라 너희가 과실을 많이 맺으면 내 아버지께서 영광을 받으실 것이요
너희가 내 제자가 되리라 아버지께서 나를 사랑하신 것같이 나도 너희를
사랑하였으니 나의 사랑 안에 거하라 내가 아버지의 계명을 지켜 그의
사랑 안에 거하는 것같이 너희도 내 계명을 지키면 내 사랑 안에 거하리
라 내가 이것을 너희에게 이름은 내 기쁨이 너희 안에 있어 너희 기쁨을
충만하게 하려 함이니라 내 계명은 곧 내가 너희를 사랑한 것같이 너희
도 서로 사랑하라 하는 이것이니라 사람이 친구를 위하여 자기 목숨을
버리면 이에서 더 큰 사랑이 없나니 너희가 나의 명하는 대로 행하면 곧
나의 친구라 이제부터는 너희를 종이라 하지 아니하리니 종은 주인의 하
는 것을 알지 못함이라 너희를 친구라 하였노니 내가 내 아버지께 들은
것을 다 너희에게 알게 하였음이니라 너희가 나를 택한 것이 아니요 내
가 너희를 택하여 세웠나니 이는 너희로 가서 과실을 맺게 하고 또 너희
과실이 항상 있게 하여 내 이름으로 아버지께 무엇을 구하든지 다 받게

하려 함이니라 내가 이것을 너희에게 명함은 너희로 서로 사랑하게 하려 함이로라(요 15:5-17).

예수님의 생애 가운데 아름다운 것이 참 많았지만, 제자들의 눈에 가장 놀라웠던 것은 예수님의 기도하는 삶이었습니다. 하루는 제자들이 예수님께 나와서 요청합니다.

"예수님, 우리에게도 기도를 가르쳐 주십시오"(눅 11:1 참조).

그들은 "예수님, 우리에게 설교하는 법을 가르쳐 주십시오" 혹은 "전도하는 법을 가르쳐 주십시오", "말 잘하는 법을 가르쳐 주십시오" 같은 요청이 아니라, 기도를 가르쳐 달라고 요청했습니다.

물론 평소에 예수님은 그분의 삶과 모범을 통해서 사역에 필요한 여러 영적 기술을 제자들에게 전수하셨습니다. 그런데도 제자들은 특별히 기도에 대해 따로 가르침을 요청했습니다. 이는 제자들이 보기에 예수님의 삶과 모범 중에서 가장 두드러진 모습이 기도하는 모습이었기 때문입니다. 예수님의 기도하는 모습을 닮고 싶어서 예수님께 찾아가서 "우리에게 기도하는 법을 가르쳐 주십시오"라고 한 것입니다.

예수님께서 기도에 대해 가르쳐 주신 것과 친히 모범을 보이신 것을 보면 기도의 차원이 참 깊다는 생각을 하게 됩니다. 예수님께서 모범을 보이신 만큼의 깊이와 넓이는 안 되겠지만, 이 책을 통해서 특별히 영성적, 지성적, 감성적 기도에 대해서 나누고자 합니다.

사실, 이 세 가지를 분명하게 갈라서 다루는 것은 불가능한 일입니다. 서로 중복되는 부분이 많습니다. 영성 안에 지성과 감성이 담겨 있고, 또 감성 안에 영성의 가장 깊은 단계인 사랑이 담겨 있고, 또 이 감성을 움직일 수 있는 지성이 담겨 있기 때문입니다. 그리고 지성적 기도 안에도 감성을 터치하는 지성과 또 영성에 깊이 들어가는 지성이 함께 포함되어 있기 때문입니다.

그럼에도, 한 부분 한 부분을 좀더 깊게 이해하고 넘어가자는 의미에서 이 세 영역을 나누었습니다. 그리고 그 중에서 저는 영성적 기도에 대해서 나누겠습니다.

큐티는 기도 생활의 든든한 기초다

영성적 기도에서는 깊은 영성적 기도의 한 장르라 말할 수 있는 '관상(觀想) 기도'에 대해서 말씀드리고 싶습니다. 우리나라에서 관상 기도에 대해 세미나를 많이 인도하시고 제일 일가견이 있으신 분은 아마도 이동원 목사님일 것입니다. 그래서 제가 이 주제를 다루는 것이 좀 주제 넘는 일이지만, 나름대로 관상 기도가 어떤 기도인지 나누어 보겠습니다.

관상 기도라는 단어가 좀 생소하게 들리겠지만, 너무 어려워할 필요는 없습니다. 관상 기도의 전승은 가톨릭에 깊은 뿌리를 내리고 있고, 그 원뿌리는 예수님께로부터 나온 것입니다. 관상 기도에 대해 공부하면서 깨달은 것은 큐티를 하는 사람이라면 어느 정도는 관상 기도의 단계에 들어갔다는 사실입니다.

그러면 구체적으로 어떤 과정을 거쳐 이 관상 기도에 이르게 될까요? 관상 기도를 말할 때는 주로 '거룩한 독서'부터 시작하는데, 보통 우리가 기도를 시작할 때 거치는 네 과정을 거룩한 독서와 함께 연결시켜 보겠습니다.

큐티를 하면서 말씀을 읽고, 묵상하고, 그 가운데 하나님의 음성을 듣고, 그 말씀을 붙잡는 삶을 살았다면, 이미 관상 기도의 단계 가운데 상당히 많이 들어가 있다고 할 수 있습니다. 우리는 새로운 것을 배우려 하기보다, 지금 내가 하고 있는 것들에 대해서 의미를 부여하고, 그것들이 얼마나 소중한지를 알아야 합니다.

'거룩한 독서'는 친밀한 기도로 이끈다

'거룩한 읽기'를 '렉시오 디비나(Lectio Divina)'라고 하는데, 렉시오라는 말은 '모으다, 집중하다'라는 뜻을 가지고 있습니다. 무엇을 모으느냐 하면 하나님의 말씀 곧 본문에 관심을 모으는 것입니다. 하나님의 말씀을 집중해서 읽고, 관심 갖고 읽고, 그 말씀에 집중할 뿐 아니라, 말씀 속에 계신 하나님, 말씀의 대상이신 하나님께 집중하는 것입니다.

우리는 성경을 읽을 때 말씀을 통해 위로도 받고, 통찰력도 얻고, 지혜를 얻기도 합니다. 말씀 묵상에서 이 모든 것은 다 중요합니다. 하지만 만약 우리가 그런 것들에만 집중하다가 성경 안에 계신 하나님을 만나지 못한다면, 그것은 커다란 무언가가 빠진 묵상입니다. 틀렸다고 말할 수는 없지만, 우리가 하나님의 말씀을 묵상할 때, 가장 중요한 목표는 그 말씀 속에 계신 예수님을 만나는 것입니다.

좋은 신앙 서적을 읽거나 성경적 강의를 들을 때도 마찬가지입니다. 그 책과 강의를 통해 저자나 강사만 만나고 간다면, 그것은 정말 실패한 것입니다. 그래서 책을 쓸 때나 설교를 할 때 저의 관심은 어떻게 예수님을 더 드러내고, 그분의 사랑을 드러내어 독자나 청중이 하나님을 더 깊이 알아가고 더 사랑할 수 있을까 하는 것입니다. 책이나 강의를 통해서든, 말씀 묵상과 기도를 통해서든, 온전히 하나님이 영광을 받으시고 하나님만이 높임을 받으셔야 합니다.

성경을 묵상할 때 우리에게 말씀하시고 말씀 안에 생생하게 혼존하시는 하나님을 만나는 것, 그리고 그 하나님께 집중하는 것이 거룩한 독서의 특징입니다. 조금 더 설명하면, 하나님의 말씀을 깊이 묵상하고 그 말씀 속에 빠져 들어가서 그 속에 계신 하나님과 깊은 친교 가운데 들어가는 것이 거룩한 독서의 출발이라 할 수 있습니다.

거룩한 독서는 단순히 뭔가를 구하는 것이 아니라, 그것을 뛰어넘어 우리에게 선물을 주시고 은혜를 주시는 하나님과 함께 친밀한 사랑 속에 들어가는 과정인 것입니다.

언제가 샌프란시스코의 버클리 대학 서점에 간 적이 있습니다. 그때는 영성에 관해서 눈을 뜨기 시작할 때였는데, 영성에 관해 알아가는 것이 너무 좋았습니다. 그 때문인지 그 학교 서점에 가서 영성에 관한 책을 고르고 싶었습니다. 그런데 마침 거기에 영성을 공부하는 분이 있어서 제게 가톨릭 신학자 가운데 토머스 그린(Thomas H. Green)이라는 분이 쓴 책을 소개해 주었습니다. *Opening to God*(하나님께 마음을 열기)이라는 책이었는데, 영성과 관련된 중요한 책 중 하나라고 했습니다.

그 책 속에 제게 큰 충격을 준 말이 있습니다.

"기도란 무엇이냐? 기도란 하나님과 깊은 사랑 속에 빠져드는 것이다."

바로 이 말씀입니다. 우리는 늘 주님이 주시는 것에 관심이 있었지, 정작 그것을 주시는 주님 자신에게는 관심을 갖지 못할 때가 많습니다.

기도는 예수님을 바라보는 것이다

관상 기도에 이르는 거룩한 독서는 4단계를 거칩니다. 첫째 단계는 읽기, 둘째 단계는 묵상, 셋째 단계는 기도, 마지막 단계는 관상입니다.

이 네 가지 단계와 과정을 잘 살펴보면, 큐티를 할 때도 이 과정을 거친다는 사실을 발견할 것입니다. 우리가 큐티를 어떻게 합니까? 가장 먼저 읽습니다. 그 다음에는 그 말씀을 묵상하고 하나님의 음성을 듣습니다. 그리고 "너희가 내 안에 거하고 내 말이 너희 안에 거하면 무엇이든지 원하는 대로 구하라"(요 15:7)는 말씀을 따라서 기도하고 그 말씀대로 살아갑니다. 여기까지 과정이 비슷합니다.

거룩한 독서에는 마지막 단계에 '관상'이 있는데, 관상 기도는 말 그대로 예수님을 바라보는 것입니다. 예수님을 응시하고, 하나님을 바라보고, 그분 안에서 즐거워하는 기도입니다.

우리가 사랑하는 사람이 있으면 그 사람을 보고 싶어 하고 기다리지 않습니까? 그러다가 만나면 몹시 기쁩니다. 만남 자체가 행복이 되고, 또 교제를 통해 기쁨을 느낍니다. 관상 기도란 그런 것입니다. 주님을 바라보는 가운데, 우리 마음과 영혼이 그냥 하나님의 사랑에 흠뻑 젖는 것입니다. 흠뻑 젖어서 그 자체가 기쁨이 되는 것입니다. 이 사랑의 단계는 하나님이 뭔가를 주시지 않아도, 내 요구가 응답되지 않아도, 그냥 하나님의 존재와 그 풍성한 사랑만으로 만족스러운 것입니다. 어떨 때는 황홀하기까지 합니다. 이 단계가 관상 기도입니다.

말씀 안에서 기도하라

기도 중에서 가장 초보적인 단계는 우리가 원하는 것을 구하는 것입니다. 물론 그런 기도를 드리는 것도 필요합니다. 하나님은 그런 우리의 기도도 하나님의 뜻에 맞게 사용하십니다. 하지만 하나님이 우리에게 진실로 원하시는 것은 뭔가를 구하는 단계를 뛰어넘어 하나님과 깊은 친교, 교제의 단계로 들어가는 것입니다. 그 단계가 바로 관상 기도의 단계입니다

영성을 추구한다고 할 때, 어떤 분들은 성경은 안 읽고, 뭔가를 체험하려고 몸부림칩니다. 제가 아는 한 분은 교회 기도회에 참석했다가 등 뒤에 불을 받았다고 합니다. 신비한 체험을 하고 불을 받는 것, 다 좋습니다. 그런데 그렇게 해서 어쩌겠다는 것입니까? 이 부분이 중요한 것입니다. 신비한 체험, 그 다음에 어떻게 하겠다는 것입니까?

이스라엘 백성들은 광야 생활 40년 동안, 낮에는 구름기둥, 밤에는 불기둥으로 하나님의 신비한 인도를 받았습니다. 그들은 홍해가 갈라지고, 반석에서 물이 나오는 기적을 직접 봤습니다. 그러면 변화되

어야 하지 않습니까? 두말 않고 순순히 하나님께 순종해야 하는 것 아닙니까? 그런데 그들은 늘 원망하고 불평했습니다. 하나님께서 베풀어 주시는 큰 기적을 보고도 그랬습니다. 그래서 하나님은 그들을 가나안에 들여보내지 않으시고 광야에서 생을 마치게 하신 것입니다.

예전에 제가 성경 공부를 인도하고 있을 때 일입니다. 같이 공부하던 한 분이 자기는 불을 받았으니 앞으로 성경 공부를 안 하겠다고 했습니다. 신비한 영적 체험을 했기 때문에 성경 공부 대신에 그 장소에 다시 가겠다는 것이었습니다. 제가 이렇게 말했습니다.

"가셔도 좋습니다. 그런데, 불 받아서 뭘 하실 거지요?"

그분은 그 후로도 늘 앉아서 "하나님, 또 불을 주십시오" 하고 있습니다. 한 번 짜릿했던 그 경험을 지나치게 추구한 것입니다. 그러더니 결국 말씀을 떠나고 말았습니다.

잘 생각해야 합니다. 선물을 주신 분이 중요합니까, 선물이 중요합니까? 불이 중요합니까, 불을 주신 하나님이 중요합니까? 하나님이 불을 주신 목적이 무엇입니까? 사도행전 2장을 보면, 성령의 불을 받은 교회가 첫 번째 한 일은 사도의 가르침을 받아 교제하고 떡을 떼고 기도에 힘쓴 것이었습니다. "사도의 가르침을 받아 서로 교제하며 떡을 떼며 기도하기를 전혀 힘쓰니라"(행 2:42).

성령 충만을 받은 후 예수님의 제자들이 가장 먼저 했던 것은 가르침을 받은 것이었습니다. 하나님의 말씀을 떠나서, 체험 쪽으로만 기운다면 그것은 대단히 위험한 일입니다.

모든 체험은 예수님을 향한 믿음과 연결되어야 한다

요한복음에는 예수님이 행하신 기적을 기적이라 하지 않고 표적이라고 기록했습니다. 헬라어로 '세메이온(semeion)'이라고 합니다. 기적은 기적 자체에 대해 놀라는 것이고, 표적은 믿음에 대해서 관심을 기울이고 그분을 신뢰하도록 하는 것입니다. 결국 모든 체험은 예수 그리스도를 믿는 믿음으로 연결되어야 한다는 것입니다.

우리가 핵심을 놓쳐서는 안 됩니다. 특별한 체험이라는 것은, 평생에 한두 번 경험할까 말까 하는 것입니다. 아브라함도 하나님과 직접 만난 것은 몇 번 되지 않습니다. 나머지는 일상적인 삶 가운데서 말씀하셨던 것입니다.

저도 1972년에 예수님을 믿기 시작하여 지금까지 살아왔지만, 하나님이 저에게 나타나셔서 아주 큰 소리로 "준민아, 준민아" 이렇게 하신 적은 거의 없습니다. 제 안에서 성령님을 통해 조용한 목소리로 말씀을 깨닫게 하심으로 말씀하시는 것입니다.

예수님을 바라보는 중에 그분을 사랑하게 되고, 그분을 사랑하다 보니 자신도 모르게 그분을 닮게 되는 것, 그것이 기도의 궁극적인 목표입니다.

영성적 기도라는 것은 우리 영혼 속에 예수님의 성품이 심겨지고 그분의 인격과 지혜가 우리 삶 전체에 드러나는 것입니다.

기도는 사랑, 사랑하면 닮는다

관상 기도를 통해서 예수님을 바라보는 중에 그분을 사랑하게 되고, 그분을 사랑하다 보니 자신도 모르게 그분을 닮게 되는 것, 그것이 우리 삶의 궁극적인 목표입니다. 영성적 기도라는 것은 우리 영혼 속에 예수님의 성품이 심겨지고 그분의 인격과 지혜가 우리 삶 전체에 드러나는 것입니다.

영성이니, 관상이니 하는 용어들이 정확하게 무슨 뜻인지 정의하기가 좀 어렵습니다. '사랑' 하면 다 알지만 구체적으로 "사랑이 무엇이냐"고 물으면, 대답하기가 참 막연한 것과 비슷합니다. 대답하는 사람마다 그 정의가 달라집니다. 지혜가 무엇입니까? 은혜가 무엇입니까? 이런 것도 수준에 따라 깨달음이 달라지는 것입니다.

드라마의 경우도 그렇습니다. 한 드라마를 초등학생도 보고, 대학생도 보고, 중년층도 보고, 할머니도 보지만 자신의 관심 분야에 따라 다 다르게 보는 것입니다. 직업에 따라서, 연령에 따라서, 성별에 따라서, 성숙도에 따라서 똑같은 것을 보더라도 보는 게 달라집니다.

예전에 저희 가족이 교회 가까이에 이사를 가려고 집을 봤는데, 저는 집을 보자마자 다른 것 전혀 생각하지 않고 딱 하나, 서재로 쓸 만한 데가 있는지를 봤습니다. 제 관심은 서재밖에 없었습니다. 그래서 서재로 쓸 만한 곳만 있으면 괜찮은 것입니다. 반면 같은 집이지만,

제 아내는 무엇을 보았을까요? 부엌입니다. 제 아내는 살림을 해야 하기에 부엌에 관심을 가질 수밖에 없었습니다. 그만큼 사람에 따라 관심이 다릅니다.

똑같은 설교, 똑같은 강의를 듣더라도 자신이 가진 선지식과 관점에 따라 다르게 받아들이는 것과 같습니다. 그래서 성경을 많이 암송하고 있는 분들이 좋은 것이 무엇이냐면, 말씀이 증거될 때 선포되는 말씀과 그 안에 있는 말씀이 부딪혀 시너지 효과를 얻는다는 것입니다. 거기서 영적인 파워가 생깁니다.

이제 본론으로 들어가서 한 단계, 한 단계 자세히 설명하도록 하겠습니다.

"영적 히말라야를 정복하려면…"

건전한 기도는 이 땅에서의 일상적이고 평범한, 다양한 경험들을 필요로 한다. 산책이나 대화 혹은 건전하고 유익한 웃음거리, 정원에서 하는 일이나 이웃과의 한담, 유리창 닦기 등등. 이 모든 일이 다 소중하다. 부부간의 사랑, 아이들과 놀아 주는 일, 동료들과 함께 일하는 것도 기도하는 데 모두 필요한 요소들이다.
　영적 히말라야를 정복하려면 일상생활의 언덕과 계곡에서 꾸준히 운동해야 한다. -리처드 포스터

2. 깊은 영성 기도의 모델, 관상 기도
관상 기도의 4단계 : 읽기, 묵상, 기도, 관상

우리는 하나님의 성전이고, 성전 안에는 하나님이 계십니다. 그러므로 언제든지 은혜의 보좌 앞에 담대히 나가서 기도할 수 있습니다. 언제 어디를 가든 내면의 지성소에 들어가 기도하는 것, 이것이 영성입니다.

읽기 : 깊이깊이 말씀 속으로 들어가라

관상 기도는 네 단계를 거칩니다. 첫 번째는 읽기(Lectio-reading) 단계입니다. 읽기는 말씀 속으로 깊이 들어가는 거룩한 독서입니다.

우리가 독서를 하다 보면 빨리빨리 넘기는 책이 있는 반면 곰곰이 곱씹으면서 읽어야 하는 책도 있습니다. 저도 어떤 책은 한두 시간 안에 다 읽습니다. 하지만 거룩한 독서는 그렇게 읽는 것이 아닙니다. 깊이깊이 말씀 속으로 들어가야 합니다. 그래서 하나님의 말씀과 친해지고, 말씀이 내 안에 들어오는 것입니다. "그러므로 예수께서 자기를 믿은 유대인들에게 이르시되 너희가 내 말에 거하면 참 내 제자가 되고"(요 8:31).

읽기는 예수님의 말씀 안에 들어가 거하는 단계입니다.

"너희는 너희를 삼가 우리의 일한 것을 잃지 말고 오직 온전한 상을 얻으라 지내쳐 그리스도 교훈 안에 거하지 아니하는 자마다 하나님을 모시지 못하되 교훈 안에 거하는 이 사람이 아버지와 아들을 모시느니라"(요이 1:8-9). 교훈 안에 거하는 사람 즉, 하나님의 말씀 안에 거하는 사람이 아버지와 아들을 모시는 것입니다. 말씀을 모신다는 것은, 말씀 안에 들어간다는 것이고 곧 아버지와 아들이신 예수님이 우리 안에 들어오시는 것입니다.

"형제들이 와서 네게 있는 진리를 증거하되 네가 진리 안에서 행한다 하니 내가 심히 기뻐하노라 내가 내 자녀들이 진리 안에서 행한다 함을 듣는 것보다 더 즐거움이 없도다"(요삼 1:3-4). 여기서도 '진리 안에서' 즉 하나님의 말씀 안에서라는 말이 나옵니다.

이렇게 읽기의 단계는 말씀 속에 깊이깊이 들어가는 단계입니다. 그러면 어떻게 말씀 속에 깊이 들어갈 수 있을까요?

천천히 말씀 속으로 들어가라

우리는 무엇이든 빨리 하는 경향이 있습니다. 하지만 말씀 속에 들어가서 거기 등장하는 인물들과 동화되려면 우선 천천히 읽어야 합니다. 영화나 드라마를 볼 때도, 처음에는 밖에서 보지만 어느 순간 내가 드라마 안에 있는지 밖에 있는지 모를 때가 있습니다.

가령 드라마 〈대장금〉을 본다고 합시다. 그러면 어떨 때는 내가 장금이가 되었다가 어떨 때는 중전마마가 되고, 또 어떨 때는 음식 맛을 보는 왕이 되기도 합니다. 드라마의 힘이 참 무서운 것은 5분만 지나도 그 속에 몰입해 들어가게 된다는 것입니다. 영화도 마찬가지입니다. 정말 재밌고 잘 만든 영화는 관람객들이 인식하지 못하는 사이에 거기에 몰입하게 만듭니다.

드라마나 영화를 보다가 그 속의 주인공들과 내가 하나가 되는 것처럼, 하나님의 말씀도 천천히 들어가다 보면 그 말씀 속의 인물들과 내가 하나가 됩니다.

당신이 거룩한 기름으로 새롭게 된 상상력을 가지고 신약을 다시 펼칠 때 당신은 어떤 때는 세리가 되고, 어떤 때는 탕자가 되며, 어떤 때는 막달라 마리아가 되고, 어떤 때는 뜰에 있는 베드로가 된다.… 그리하여 신약 성경 전체가 모두 당신의 자서전이 된다. – 알렉산더 화이트

그런데 이럴 때 엉뚱한 데 관심을 가지는 사람들이 꼭 있습니다. 마가복음 2장에 나오는 중풍병자가 고침받는 부분을 읽다가 지붕을 뜯고 병든 친구의 침상을 내리는 장면을 보고 기껏 묵상한다는 것이 "뜯어낸 지붕은 누가 고치냐"는 식입니다. 또 예수님을 만난 베드로가 배를 버려두고 예수님을 따르는 것을 보고 "고기는 누가 가져갔을까?"

에 관심을 둡니다. 이는 말씀을 잘못 묵상하는 대표적인 예입니다.

그러므로 묵상하는 것도 훈련해야 합니다. 말씀 묵상은 일종의 훈련이자 기술입니다. 하나님 말씀 속에 들어가서 그 말씀에 나오는 인물들과 하나가 되는 것도 연습이 필요합니다.

리처드 포스터는 묵상에 대해서 이렇게 말합니다. "성경 공부는 주석을 중심으로 하는 반면, 성경 묵상은 본문을 내면화하고 개별화하는 데 중점을 둔다. 기록된 말씀이 당신에게 말하게 되는, 살아 있는 말씀이 되는 것이다." 하나님의 말씀을 읽으면서 그 말씀 속에 있는 인물과 내가 동일시되는 느낌, 말씀과 내가 하나가 되는 느낌이 큐티가 가지는 아름다움입니다.

누가복음 7장을 보면, 한 여인이 향유 담은 옥합을 가지고 와서 예수님 발 곁에 서서 울며 눈물로 그 발을 적시고 자기 머리털로 닦고 그 발에 입을 맞추고 향유를 붓습니다. 그러자 옆에 있던 시몬이 생각합니다. '예수님이 만약 선지자라면 자기를 만지는 이 여자가 죄인인지 알 것이고, 그러면 향유를 받지 않았을 것이다.' 그때 예수님이 시몬에게 말씀하십니다. "너는 내가 들어왔을 때 발 씻을 물도 주지 않았고 입 맞추지도 않았는데, 이 여인은 들어온 때부터 내 발에 입을 맞추지 않았느냐." 그러시면서 "용서를 많이 받은 사람이 많이 사랑하느니라"고 하십니다.

깊은 묵상은 이런 말씀을 보며 그 여인이 받은 감격을 함께 느끼는 것입니다. 그 여인은 받은 사랑이 너무 커서 그렇게 사랑을 베푸는 것

입니다. 옥합을 깨뜨린 여인
이 물이 아니라 눈물로, 향유
로 예수님의 발을 씻겨 주고,
발을 씻겨 주는 정도가 아니
라 그 발에 입을 맞추기까지
했던 놀라운 사랑 속으로 함
께 들어가는 것입니다.

사랑의 편지를 읽듯이 읽으라

"오직 여호와의 율법을 즐거워하여 그 율법을 주야로 묵상하는 자로다"(시 1:2)라는 말씀이 있습니다. 이 말씀처럼 우리는 사랑하면 즐거워하게 되고, 사랑이 있는 곳에서 가장 오래 머물게 됩니다.

하나님의 말씀을 묵상하는 것은 진지해야 합니다. 그러나 그것만 가지고는 안 됩니다. 그 진지함에 꼭 따라와야 할 것은 즐거움입니다. 기쁨이 따라와야 합니다. 장경철 교수님 책에 이런 말이 있습니다. "진지함은 오래 가지 못한다. 유쾌함만이 오래 갈 수 있다." 기도가 즐거움이 되어야지, 고역이 되면 안 됩니다. 물론 기도에는 땀을 흘리는 아픔이 있기도 하지만 동시에 즐거움이 있어야 합니다.

본회퍼는 이런 말을 했습니다. "당신이 사랑하는 사람의 말을 분석하려 하지 않고 그대로 받아들이는 것처럼, 하나님의 말씀을 받아들여서 마리아처럼 마음에 두고 생각하라."

한번은 저와 같이 일하는 전도사님 한 분이 "목사님, 저는 성경 암송이 잘 안 됩니다" 하는 것이었습니다. 그래서 제가 그분에게 이렇게 조언했습니다. "전도사님, 머리가 나쁜 것이 아니라, 사랑이 부족한 것입니다." 사랑하는 사람의 이름을 잊어버린 분이 있습니까? 사랑하는 사람의 전화번호도 잘 기억하고 있지요? 저는 아내를 처음 만났을 때의 아내 집 전화번호를 아직도 기억하고 있습니다. 집 주소도 기억합니다. 외우려고 노력하기보다 사랑하려고 노력해야 합니다. 사랑하면 자연스럽게 외워집니다. 사랑하는 것만큼 보이고, 사랑하는 것만큼 남게 되고, 사랑하는 것만큼 품게 되는 것입니다.

사랑하는 것은 머물러 있습니다. 싫어하는 것은 내게서 떠나게 되어 있습니다. 하나님 말씀을 내가 사랑하면 그 말씀이 머물러서 내 인격을 만들어 가고 내 삶을 형성해 갑니다. 그러므로 성경을 암송할 수 있는 가장 좋은 길은, 하나님의 말씀을 사랑하는 것과, 그 말씀을 주신 하나님을 사랑하는 것입니다.

얼마 전에 큰 규모의 교사 모임을 인도하러 갔는데, 그곳의 한 목사님이 저를 잘 섬겨 주셨습니다. 제가 그 목사님을 만나 참 기쁘다고 느낀 결정적인 이유가 있습니다. 그것은 그분이 제가 쓴 책들을 이미 읽고, 수시로 그 내용을 얘기하는 것이었습니다.그것이 제게 큰 감동을 주었습니다. "목사님, 예전에 이런 글을 쓰셨는데, 너무 좋았습니다." "지난 번 쓰신 책에 이런 말씀이 있더군요." 저를 향한 가장 놀라운 대접은 음식이 아니라 책을 읽고 감격한 내용들, 그리고 그로 인해 변화된 이야기였습니다.

책은 사람이 만들지만, 사람이 낳은 책보다는 책이 낳은 사람이 많습니다. 성경 말씀이 우리를 만들어 가듯이 말입니다. 우리가 하나님을 영화롭게 하고 그분을 즐겁게 하는 방법은 무엇일까요? 하나님께 나아가서 "하나님, 하나님이 주신 이 말씀이 제게 너무 힘이 되었습니다. 말씀이 너무 좋고 사랑스럽습니다. 이 말씀을 기억하며 제가 힘을 얻고, 용기를 얻었습니다. 그래서 이 말씀을 주신 하나님이 너무 좋습니다"라는 고백을 드리는 것입니다. 그럴 때 하나님도 기뻐하십니다.

저는 교사 모임의 목사님을 통해 '내가 참 귀한 대접을 받았구나'라고 생각했습니다. 우리가 하나님을 대할 때도 똑같은 원리가 적용된다고 생각합니다. 하나님의 말씀을 묵상하다가 깨달았을 때, "이 말씀이 제게 너무 좋습니다"라고 하나님께 표현하는 것입니다. 그것도 구체적으로 말입니다.

"마음이 불안했는데, 이 말씀을 읽는 중에 평안이 왔습니다."

"제가 두려웠는데, '두려워하지 말라 내가 너와 함께하여' 라는 말씀을 읽고 너무 좋았습니다. 그리고 힘이 되었습니다."

"근심이 있었는데, '너희는 근심하지 말라 하나님을 믿으니 또 나를 믿으라' 는 말씀을 묵상하니 나를 휘어잡고 있던 근심이 사라졌습니다."

"제 마음이 너무 피폐했는데, 요한계시록에 '실상은 네가 부요한 자니라' 고 말씀하시는 것을 보고 제가 부자인 것을 깨달았습니다."

그리스도인은 부자입니다. 하늘나라를 유산으로 상속받은 사람들이기 때문입니다. 이에 더 큰 은혜를 구할 필요가 있습니까? 하나님의 사랑을 입은 것이 가장 큰 은혜입니다. "너희가 나를 택한 것이 아니요 내가 너희를 택하여 세웠나니 이는 너희로 가서 과실을 맺게 하고 또 너희 과실이 항상 있게 하여 내 이름으로 아버지께 무엇을 구하든지 다 받게 하려 함이라"(요 15:16). 얼마나 좋은 말씀입니까? 우리는 이미 주님 안에서 천국을 소유한 자가 되었습니다.

거룩한 상상력을 사용하라

우리가 말씀에 깊이 들어가려면 거룩한 상상력이 필요합니다. 프랑수아 드 살르가 말했습니다. "우리는 상상을 통해서 우리가 묵상하는 신비한 것 안에 우리의 생각을 고정시켜 이리저리 배회하지 않을 수 있는데, 이것은 마치 새를 새장 안에 가두거나 매를 가죽 끈으로 묶어 손 안에 머물게 하는 것과 같다."

리처드 포스터는 예수님이 베드로에게 "깊은 데로 가서 그물을 내려 고기를 잡으라"(눅 5:4)고 하신 말씀을 묵상하며 이렇게 말하고 있습니다. "바다의 냄새를 맡으라. 해변의 파도 소리를 들으라. 무리를 보라. 머리에 비치는 태양과 뱃속의 굶주림을 느끼라. 공기 속의 소금기를 맛보라. 그의 옷자락을 만지라."

"나는 상상력이 부족해. 상상이 잘 안 돼"라고 말하는 분들이 있는

데 그것은 거짓말입니다. 우리가 근심할 때 보면, 정말 상상을 잘합니다. 아주 탁월합니다. 약속 시간에 상대방이 조금만 늦게 와도, 상상 속에서 그를 병원에 입원시켰다가 장례식도 치렀다가…, 대단한 상상력을 발휘합니다.

우리는 얼마든지 상상력을 발휘할 수 있습니다. 성경 말씀을 묵상하면서, 말씀에 상상의 날개를 달아 보는 것입니다. 앞에서 잠깐 언급한 누가복음 5장 말씀의 경우, 무릎을 꿇고 있는 베드로의 모습, 예수님이 하시는 말씀, 다른 제자들의 모습 등, 상상의 날개를 펴서 이야기 속에 더 깊이 들어가는 것입니다. 이렇게 상상력을 발달시키면 말씀 묵상을 하는 데도 많은 도움이 되고, 창의력을 계발하는 데도 도움이 됩니다.

"우리가 다 수건을 벗은 얼굴로 거울을 보는 것같이 주의 영광을 보매 저와 같은 형상으로 화하여 영광으로 영광에 이르니 곧 주의 영으로 말미암음이니라"(고후 3:18).

거룩한 상상력을 통해서 당신 존재 안에 계신 예수님을 만나는 경험을 하기 바랍니다.

묵상: 읽은 내용을 깊이 곱씹으라

읽는 것이 시각적 독서라면, 묵상(Meditatio—meditation)은 하나님의 음성을 듣는 청각적 독서입니다.

묵상을 통해 **하나님의 음성**을 듣는다

리처드 포스터는 묵상에 대해 이렇게 말합니다. "기독교의 묵상은 간단히 말해 하나님의 음성을 듣고 그의 말씀에 순종하는 능력이다." 묵상한다는 것은 하나님의 말씀을 듣는 것입니다. 그리고 듣는다는 것은 곧 순종하는 것입니다.

"사무엘이 가로되 여호와께서 번제와 다른 제사를 그 목소리 순종하는 것을 좋아하심같이 좋아하시겠나이까 순종이 제사보다 낫고 듣는 것이 수양의 기름보다 나으니 이는 거역하는 것은 사술의 죄와 같고 완고한 것은 사신 우상에게 절하는 죄와 같음이라 왕이 여호와의 말씀을 버렸으므로 여호와께서도 왕을 버려 왕이 되지 못하게 하셨나이다"(삼상 15:22–23).

하나님의 음성을 듣는다는 것은 곧 변화한다는 것입니다. 그리고 그 변화는 순종을 통해서 오는 것입니다. 그러므로 항상 기억해야 할 것은 기도할 때도 말씀을 붙잡고 기도해야 한다는 것입니다. 말씀을 버리면 안 됩니다. 그것은 하나님을 버리는 것입니다. 정말 안타까운 일은 말씀은 읽지 않고, 계속 기도만 하는 것입니다. 그러면서 자꾸 뭔가를 보려고 합니다. 그러니까 헛소리를 듣는 것입니다. 말씀이 우리에게 들리는 음성이 되어야 합니다.

"너희가 내 안에 거하고 내 말이 너희 안에 거하면 무엇이든지 원하는 대로 구하라 그리하면 이루리라"(요 15:7).

하나님의 말씀이 내 안에 거해서 그 말씀으로 내가 움직이려면, 먼저는 말씀을 들어야 합니다. "너희가 어찌하여 양식 아닌 것을 위하여 은을 달아 주며 배부르게 못할 것을 위하여 수고하느냐 나를 청종하라 그리하면 너희가 좋은 것을 먹을 것이며 너희 마음이 기름진 것으로 즐거움을 얻으리라 너희는 귀를 기울이고 내게 나아와 들으라 그리하면 너희 영혼이 살리라 내가 너희에게 영원한 언약을 세우리니 곧 다윗에게 허락한 확실한 은혜니라"(사 55:2-3).

하나님의 말씀을 들으면 영원히 산다고 말씀하고 있습니다. 이렇게 말씀을 듣고 순종하면 사랑에 들어갑니다. "나의 계명을 가지고 지키는 자라야 나를 사랑하는 자니 나를 사랑하는 자는 내 아버지께 사랑을 받을 것이요 나도 그를 사랑하여 그에게 나를 나타내리라"(요 14:21).

말씀이 전 존재에 스며들도록 하라

말씀이 전 존재에 스며든다는 것은 우리 자신이 하나님의 말씀에 붙잡힌다는 것입니다.

"실라와 디모데가 마게도냐로서 내려오매 바울이 하나님의 말씀에 붙잡혀 유대인들에게 예수는 그리스도라 밝히 증거하니”(행 18:5). 이 말씀은 아주 중요합니다. 말씀을 붙잡으면 말씀에 붙잡히게 됩니다. 하나님의 말씀을 주야로 묵상하면 그 말씀이 우리 안에서 충만하게 되는 것입니다. 말씀에 젖어 들어가는 단계, 말씀에 몰입된 단계, 예수님을 묵상하는 단계에 이르는 것입니다.

묵상한다는 뜻의 영어 ‘meditate’는 원래 ‘medicine(약)’이라는 말에서 유래되었습니다. 약은 약 자체로는 아무런 효과가 없습니다. 아픈 사람이 먹어야 그 약이 스며들어서 병을 치료하는 것입니다. 이와 같이 어떤 면에서는 하나님의 말씀도 약과 같습니다. 가장 좋은 약은 ‘신약’과 ‘구약’을 같이 먹는 것입니다.

약이라고 다 좋은 것은 아니겠지만, 한약의 경우 근본을 치료해 주고 서서히 치료를 해 주는 특징이 있습니다. 하나님의 말씀도 보약과 같아서 우리가 말씀을 묵상할 때, 이 말씀이 우리 안에 천천히 스며들어, 우리의 언어와 기도가 되어 나오는 것입니다.

요한은 예수님이 은혜와 진리로 충만하다고 말합니다. “말씀이 육신이 되어 우리 가운데 거하시매 우리가 그 영광을 보니 아버지의 독생자의 영광이요 은혜와 진리가 충만하더라”(요 1:14). 우리도 이렇게 하나님의 말씀으로 충만해야 하는데, 때로는 주제별로 말씀을 묵상하는 것이 중요합니다. 이미 성경 암송에 대해서 말했지만, 마귀는 우리를 공격할 때 주로 주제별로 공격합니다. 두려움으로, 핍절로, 질병으로, 가난으로, 음란으로, 미움으로, 게으름으로, 또 교만으로 공격합니다.

그것을 극복하고 이기려면, 그런 주제들과 관련된 말씀이 내 안에 있어야 합니다. 주제별로 말씀을 암송하고 그 말씀대로 기도해야 하는 것입니다.

믿음이다, 그러면 믿음과 연결된 주제들을 성구 사전 같은 데서 찾아 묵상하는 것입니다. "믿음은 바라는 것들의 실상이요 보지 못하는 것들의 증거니"(히 11:1), "믿음이 없이는 기쁘시게 못하나니 하나님께 나아가는 자는 반드시 그가 계신 것과 또한 그가 자기를 찾는 자들에게 상 주시는 이심을 믿어야 할지니라"(히 11:6) 등의 말씀을 묵상하고 그것을 의지하여 기도하는 것입니다. 또 예수님이 하신 말씀 "네 믿음대로 될지어다", "할 수 있거든이 무슨 말이냐 믿는 자들에게는 능치 못할 일이 없느니라" 등을 묵상하는 것입니다.

쉽게 말해서 기도가 깊어지면 내 안의 말씀 항아리에서 말씀을 꺼내서 기도하게 됩니다. 그렇게 기도하다 보면 이 말씀이 내 안에서 내 존재와 하나가 되어 예수님처럼 지혜와 진리가 나오게 됩니다. "선한 사람은 마음의 쌓은 선에서 선을 내고 악한 자는 그 쌓은 악에서 악을 내나니 이는 마음의 가득한 것을 입으로 말함이니라"(눅 6:45).

우리 마음속에 하나님의 말씀이 가득 차게 되면 놀라운 것들이 나오는 것입니다.

거룩한 읽기를 위해 필요한 일곱 가지 요소
① 사랑은 전 존재로 묵상하는 능동적 사랑이다

거룩한 독서, 깊은 독서, 깊은 묵상을 위해서 일곱 가지 요소가 필요한데 그중 첫째는 '사랑' 입니다. 이는 전 존재로 말씀을 읽고 묵상하는 능동적 사랑입니다.

누구나 한번쯤은 연애를 해 봤을 텐데, 누군가를 사랑하게 되면 내 존재가 열리기 시작합니다. 갑자기 시인이 되고 작가가 됩니다. 편지를 써도 기가 막히게 쓰고, 시를 쓰면 시인 못지않습니다. 그리고 온몸이 살아 움직이기 시작합니다. 몸 전체가 사랑덩어리고 눈빛 하나에도 예전에 없던 감동이 생깁니다. 그래서 별로 재미있는 이야기도 아닌데 깔깔대고 웃습니다. 사랑하면 그렇습니다. 상대방의 음식을 먹는 모습도 예쁘고, 그가 뭘 해도 예뻐 보입니다. 그런데 결혼만 하면 같은 사람인데도 음식 먹는 게 이상하게 보이기 시작합니다.

사랑을 훈련하는 방법 중 하나는 내가 처음 가졌던 연애 감정을 재연하는 것입니다. 예수님의 사랑도 그렇습니다. 예수님이 성만찬을 하시면서 "이를 기념하여 지키라"고 하신 것은 그런 뜻에서입니다. 과거의 사랑의 감정을 지금 재연하는 것이 성찬입니다.

어떤 사람들이 행복하냐면, 사랑했던 감정을 지금 잘 재연하는 사람들입니다. 그런 사람들이 행복합니다. 그리고 그 언어를 유지하는 사람들이 행복합니다. 결혼할 당시에는 사랑한다고 말하고, 당신 만나서 너무 행복하다고 말하고, 당신 없는 인생은 앙꼬 없는 찐빵이라고 그랬던 분들이 결혼하고 나서는 왜 그렇게 싸웁니까? 처음에는 있는 모습 그대로가 좋아서 사랑하고 결혼했는데 그 사랑을 유지하지 못하고 자꾸 바꾸고 고치라고 하니까 그렇습니다. 그래서 고치고 바꿨더니, 이제는 처음에 사랑했던 그 여자가 아니라고 하면서 싸웁니다.

하나님이 아담을 만들고 느끼신 게 뭡니까? 다른 모든 피조물들은 "좋았더라", "좋았더라", "심히 좋았더라"고 하시는데 유독 아담을 향해서는 "사람이 독처하는 것이 좋지 못하니"라고 하시지 않습니까? 하나님이 계셔도 행복하지 않더라는 것입니다. 영적으로는 행복하지만, 육신적인 것은 그렇지 않더라는 것입니다. 그래서 하와를 만드신 것입니다.

하나님은 우리를 잘 아십니다. 우리가 육신의 몸을 입고 있는 한 인간은 서로가 필요한 존재입니다. 하나님의 사랑이 필요하지만 동시에 인간의 사랑이 필요한 것입니다. 그래서 사랑이 참 귀한 것입니다. 그런데 인간의 사랑은 한계가 있기 때문에 항상 하나님의 사랑을 흡족히 받아 그 사랑으로 서로를 사랑해야 합니다.

② 내적 침묵은 하나님의 음성을 듣는 것이다

두 번째 거룩한 독서를 위해서는 침묵할 줄 알아야 합니다. 하나님의 음성을 듣기 위한 '내적인 침묵' 입니다. 십자가의 성 요한은 "하나님은 영원으로부터 한 말씀을 하셨습니다. 하나님은 이 말씀을 침묵 속에서 하셨습니다. 그래서 우리는 침묵 속에서 이 말씀을 듣습니다" 라고 말합니다.

내적 침묵이 필요합니다. 처음에는 저도 이 침묵의 단계에 들어가니까 침묵하는 것이 잘 안 되었습니다. 속에서는 계속 말을 하는 것입니다. 하룻밤 침묵하는데 미칠 지경이었습니다. 그러나 나중에 어느 단계에 들어가니까 내가 말하고 싶은 욕망들이 사그라지면서 깊은 침묵 속에 들어가게 되었습니다. 이 단계가 참 중요합니다. 처음에는 어렵지만 침묵 단계에 들어가면서 하나님의 음성을 듣기 시작합니다.

③ 경청은 청각적 독서의 세계로 들어가는 것이다

세 번째는 '경청' 하는 것입니다. 청각적 독서의 세계로 들어가는 것입니다. 경청하는 데는 아주 중요한 것이 있습니다. 그것이 무엇이냐면, "하나님이 하시는 모든 말씀은 내게 좋은 말씀이다. 그리고 그 말씀에 순종하는 것이 최고 좋은 길이다"고 믿는 것입니다. 순종하려는 마음 없이 하나님의 음성을 들으려 하면 잘 안 들립니다. 당신은 정말 하나님을 만나고 싶습니까? 그렇다고 하겠지만, 대부분의 사람들은 정말 하나님 만날까 봐 두려워하는 것 같습니다.

한번은 서점에 갔더니 한 자매님이 제게 이런 말을 합니다. "목사님, 목사님 책은 거의 다 읽었어요. 그런데 「성경 암송의 축복」은 안 읽었습니다." 왜 그것만 안 읽었냐고 물었더니 그분 대답이 "그 책을 읽으면 꼭 성경 암송을 해야 할 것 같아서요"였습니다. 마찬가지로 우리도 하나님을 만나고 싶다고 말은 하지만, 하나님의 음성을 듣고 싶다고 말은 하지만, 진짜로 들을까 봐 걱정하며 기도하러 나올 때마다 머리에 헬멧을 쓰고 나옵니다.

저는 가끔 수양관에 가서 침묵하는 시간을 갖습니다. 사역하다가 너무 지치면 대(大)침묵에 들어갑니다. 2박 3일 정도 들어가서 누가 말을 걸면 잠시 얘기하기도 하지만, 거의 침묵하며 시간을 보냅니다. 그런데 처음에는 침묵하기가 너무 두려웠습니다. 하나님이 내가 싫어하는 것을 말씀하실까 봐 그랬습니다.

하지만 신앙생활을 하면서 점점 깊이 깨닫게 되는 것은, 내가 원하는 것보다 하나님이 원하시는 것이 더 좋은 것이고, 하나님이 내 필요를 가장 잘 아시기 때문에 내게 하실 말씀도 최고로 좋은 말씀이라는 것입니다. 이 사실을 깨달은 후부터는 "하나님, 무엇이든지 말씀하세요. 제가 순종하겠습니다"라고 하면서 침묵 속에 들어갑니다. 그러니까 제가 제 자신을 봐도 평화롭고, 저를 만나는 사람들도 모두 "참 평안해 보입니다"라고 말합니다.

④ 기억은 말씀의 만나를 보존하는 황금 항아리를 소유하는 것이다

거룩한 독서의 네 번째 요소는 '기억하기'입니다. 말씀의 만나를 보존할 수 있는 황금 항아리를 소유하는 것입니다. 하나님의 말씀을 우리 마음속에 두게 되면 참 좋습니다.

"내가 주께 범죄치 아니하려 하여 주의 말씀을 내 마음에 두었나이다"(시 119:11).

"청컨대 너는 그 입에서 교훈을 받고 그 말씀을 네 마음에 두라"(욥 22:22).

"아이들아 내가 너희에게 쓴 것은 너희가 아버지를 알았음이요 아비들아 내가 너희에게 쓴 것은 너희가 태초부터 계신 이를 알았음이요 청년들아 내가 너희에게 쓴 것은 너희가 강하고 하나님의 말씀이 너희 속에 거하시고 너희가 흉악한 자를 이기었음이라"(요일 2:14).

"보혜사 곧 아버지께서 내 이름으로 보내실 성령 그가 너희에게 모든 것을 가르치시고 내가 너희에게 말한 모든 것을 생각나게 하시리라"(요 14:26).

예로니모의 말처럼 끊임없는 독서와 반복 묵상을 통해 사람들은 자신의 마음을 '그리스도의 서고(書庫)'로 만듭니다.

⑤ 마음의 청결은 회개를 통해 가꾸는 맑은 마음이다

다섯 번째 요소는 '마음의 청결'입니다. 청결한 것이 중요한데, 우리는 회개를 통해서 호수같이 맑은 마음을 가꾸어야 합니다. "마음이 청결한 자는 복이 있나니 저희가 하나님을 볼 것임이요"(마 5:8).

유경환 씨의 말에 귀를 기울여 보십시오. "호수가 산을 다 품을 수 있는 것은 깊어서가 아니라 맑아서다. 우리가 주님을 안을 수 있는 것은 가슴이 넓어서가 아니라 영혼이 맑아서다."

깊은 것도 중요하지만, 초보의 단계에서는 그렇지 못할 수도 있습니다. 그러나 초보 단계라도 맑을 수는 있습니다. 우리가 주님을 안을 수 있는 것은 가슴이 넓어서가 아니라 영혼이 맑아서임을 기억해야 합니다.

⑥ 영적 의지력은 열매를 맺기까지 인내로 지속하는 성실성이다

여섯 번째 요소로, '영적 의지력'이 필요합니다. 이는 말씀 묵상이 열매를 맺기까지 인내로 지속하는 성실성입니다. 쉽게 멈추면 깊은 단계에 들어가기가 어렵습니다. 그러므로 조금 더 인내해야 합니다. 조금 더 기다려야 합니다. 하나님의 음성, 그분의 말씀을 듣기 위해서는 조금 더 기다려야 합니다.

⑦ 하나님의 깊은 것이라도 깨닫게 하시는 성령의 은혜가 필요하다

영적 독서를 위해 필요한 일곱 번째 요소는 '성령님의 깨닫게 하시는 은혜'입니다. "오직 하나님이 성령으로 이것을 우리에게 보이셨으니 성령은 모든 것 곧 하나님의 깊은 것이라도 통달하시느니라"(고전 2:10).

"내가 아버지께로서 너희에게 보낼 보혜사 곧 아버지께로서 나오시는 진리의 성령이 오실 때에 그가 나를 증거하실 것이요"(요 15:26).

"그러하나 진리의 성령이 오시면 그가 너희를 모든 진리 가운데로 인도하시리니 그가 자의로 말하지 않고 오직 듣는 것을 말하시며 장래 일을 너희에게 알리시리라"(요 16:13).

성령님이 하시는 일은 하나님의 말씀을 통해서 우리가 예수님을 만나도록 돕는 것입니다. 그리고 말씀의 항아리 속에 있는 말씀이 생각나서 그 말씀을 붙잡고 기도할 수 있도록 돕는 것입니다.

기도: 깊은 깨달음 속에서 기도하라

말씀을 **깨닫기 위해** 기도하라

관상 기도의 세 번째 단계는 '기도'의 단계, 즉 말씀 안에 거하며, 말씀을 깨닫고 드리는 기도(oratio-affective prayer)의 단계입니다.

"너희가 내 안에 거하고 내 말이 너희 안에 거하면 무엇이든지 원하는 대로 구하라 그리하면 이루리라"(요 15:7).

다니엘은 하루에 세 번씩 기도했습니다. 그의 기도는 성실한 기도입니다. "다니엘이 이 조서에 어인이 찍힌 것을 알고도 자기 집에 돌아가서는 그 방의 예루살렘으로 향하여 열린 창에서 전에 행하던 대로 하루 세 번씩 무릎을 꿇고 기도하며 그 하나님께 감사하였더라"(단 6:10).

거룩한 독서를 위해 필요한 7가지 요소

1. 사랑: 전존재로 말씀을 읽고 묵상하는 능동적인 사랑

2. 내적 침묵: 하나님의 음성을 듣기 위한 내적 침묵

3. 경청: 청각적 독서의 세계로 들어가기

4. 말씀 기억하기: 말씀의 만나를 보존할 수 있는 황금 항아리를 소유하기

5. 마음의 청결: 호수같이 맑은 마음을 회개를 통해 가꾸기

6. 영적 의지력: 묵상의 열매를 맺기까지 인내로 지속하는 성실성

7. 성령의 깨닫게 하시는 은혜: 하나님의 깊은 것이라도 깨닫게 하시는 성령

그리고 더 깊이 깨닫기 위해서 기도합니다. "곧 그 통치 원년에 나 다니엘이 서책으로 말미암아 여호와의 말씀이 선지자 예레미야에게 임하여 고하신 그 연수를 깨달았나니 곧 예루살렘의 황무함이 칠십 년 만에 마치리라 하신 것이니라 내가 금식하며 베옷을 입고 재를 무릅쓰고 주 하나님께 기도하며 간구하기를 결심하고"(단 9:2-3).

이것이 기도의 단계입니다. 하나님의 말씀을 묵상하고 깨달았지만, 거기에 그치지 않고 더 깊이 깨닫기 위해서 기도하는 것입니다. 다니엘 9장에는 다니엘이 21일 동안 기도한 다음에 가브리엘이 와서 깨우쳐 주는 이야기가 나옵니다.

"곧 내가 말하여 기도할 때에 이전 이상 중에 본 그 사람 가브리엘이 빨리 날아서 저녁 제사를 드릴 때 즈음에 내게 이르더니 내게 가르치며 내게 말하여 가로되 다니엘아 내가 이제 네게 지혜와 총명을 주려고 나왔나니 곧 네가 기도를 시작할 즈음에 명령이 내렸으므로 이제 네게 고하러 왔느니라 너는 크게 은총을 입은 자라 그런즉 너는 이 일을 생각하고 그 이상을 깨달을지니라"(단 9:21-23).

이런 깨달음의 단계는 특정한 사람의 전유물이 아닙니다. 다니엘 같은 사람만 할 수 있는 것이 아닙니다. 우리가 겸손하게 말씀을 붙잡고 더 깊은 세계로 들어가면 깨달음이 오는데, 그때는 앎을 넘어선 앎, 지식을 넘어선 지혜, 지혜를 넘어선 깨달음이 옵니다. "존귀에 처하나 깨닫지 못하는 사람은 멸망하는 짐승과 같도다"(시 49:20).

드디어 하나님이 다니엘을 만지며 말씀하십니다. "은총을 크게

받은 사람 다니엘아 내가 네게 이르는 말을 깨닫고 일어서라 내가
네게 보내심을 받았느니라 그가 내게 이 말을 한 후에 내가 떨며 일
어서매 그가 내게 이르되 다니엘아 두려워하지 말라 네가 깨달으려
하여 네 하나님 앞에 스스로 겸비케 하기로 결심하던 첫날부터 네
말이 들으신 바 되었으므로 내가 네 말로 인하여 왔느니라”(단
10:11-12).

하나님이 기뻐하시는 기도 중 하나는 말씀을 읽은 다음에 말씀을
더 깊이 깨닫기 위해서 드리는 기도입니다. 엔조 비앙키는 “거룩한
독서는 기도와 함께 하는 독서요, 말씀으로 기도하는 것이며, 묵상
이 낳은 기도다”라고 말했습니다. 장 르끌레르도 “묵상이란 성경의
맛을 찾는 것이지 학문을 추구하는 것이 아니다. 성경은 야곱의 우
물이다. 묵상으로써 물을 길으니, 그 물은 기도 속으로 흘러넘친다”
고 했습니다.

묵상을 깊이 해 보십시오. 이런 영성가들의 글을 단순히 읽고 넘
어가지 말고 실제로 경험해 보십시오. 하나님의 말씀을 깊이 묵상
하다 보면 그 말씀의 깊이 속에서, 묵상 속에서 솟구쳐 올라오는 기
도를 드리게 됩니다.

하나님과의 만남을 위한 유일한 길은 존재의 중심으로 내려가는 것이다.
－토머스 머튼

묵상 없는 독서는 메마르며, 독서 없는 묵상은 오류에 빠지기 쉽다.

묵상 없는 기도는 냉담해지고, 기도 없는 묵상은 열매를 맺지 못한다. -
귀고 2세

성전은 **우리 안에** 있다

우리는 하나님의 성전입니다. "너희가 하나님의 성전인 것과 하나
님의 성령이 너희 안에 거하시는 것을 알지 못하느뇨"(고전 3:16).

성전 안에는 지성소가 있고 하나님의 보좌가 있습니다. 우리 내면
에 하나님의 거룩한 성소가 있는 것입니다. 그 지성소 안에 들어가서
언제나 하나님을 만날 수 있습니다. 이것을 '구심 기도(Centering
Prayer)' 라고도 하는데 우리 내면의 중심부 안에 들어가서, 주님과
깊이 교제하는 것입니다. 어디를 가든지 내면의 보좌에 들어가서 기
도하는 것, 이것이 영성입니다.

저는 이 기도를 배운 다음부터는 어디를 가든 상관없이 지성소 안
에 들어갈 수 있었습니다. 성소가 같이 따라다니기 때문입니다. 내 존
재 속에 성소가 있어서 비행기를 타거나 차를 타거나 어디를 가든지
성소가 있는 것입니다. 그러니까 언제든지 은혜의 보좌 앞에 담대히
나가서 기도할 수 있습니다. 그곳에서 예수님을 만나고 예수님을 바
라보고, 예수님과의 깊은 교제 속에 들어가는 것입니다.

큐티를 제대로 배웠다면 앞의 세 단계는 거의 거쳤다고 볼 수 있습
니다. 어쩌면 이제 마지막으로 다루려 하는 '관상' 에 대해서도 이미
알고 있거나 하고 있는 분들이 많을 것입니다.

저는 관상 기도를 배우고 실천하기 위해서 그와 관련된 책들을 참 많이 봤습니다. 그런데 공부하면서 감사했던 것이 무엇이냐면, 제가 1984년에 큐티를 배웠는데 큐티를 해 오는 과정을 통해서 이미 관상 기도를 하고 있었다는 것입니다. 말씀을 읽고 묵상하면서 거룩한 상상력 속에 들어가 하나님을 만나고 성경 속 인물들의 감정을 깨닫고 하나님의 음성을 들으면서 나름대로 관상 기도 속에 들어가 있었던 것입니다.

어떤 면에서 관상 기도는 아주 새로운 것이 아니라, 우리가 이미 하고 있는 것을 새롭게 정의하는 것일 수도 있습니다. 그동안 한국 교회에는 뜨거운 기도가 많았습니다. 그런 능력 기도의 특징은 열정이 있어서 뻗어 나가기는 좋은데 내면의 깨달음과 지혜, 깊이를 더하는 데는 약합니다. 그래서 이제는 우리 안에서 내주하시는 성령님의 은혜를 체험하고 침묵 가운데 그분을 깊이 만나는 기도가 필요하지 않나 생각됩니다.

예수님도 위에서부터 오는 능력을 힘입으라고 하시는 동시에 우리 속에서 영생하도록 솟아나는 샘물에 대해 말씀하십니다. 어찌 보면 내면에서 올라오는 깨달음과 지혜가 더 강하게 우리를 사로잡습니다.

관상: 예수님과 대면하라

사랑 안에서 **영혼의 친밀한 일치**를 누리라

마지막으로 관상(Contemplatio-contemplation)에 대해 살펴보겠습니다. 관상이란, 예수님을 바라보며 그 깊은 사랑 속에 안식하는 영혼의 친밀한 일치입니다.

앞에서도 언급했지만 기도란 하나님과 깊은 사랑에 빠지는 것입니다. "아버지께서 나를 사랑하신 것같이 나도 너희를 사랑하였으니 나의 사랑 안에 거하라"(요 15:9). "내가 이것을 너희에게 이름은 내 기쁨이 너희 안에 있어 너희 기쁨을 충만하게 하려 함이니라"(요 15:11).

이 기쁨은 종이 아닌 친구만이 경험할 수 있습니다. 친구끼리는 비밀이 없고 친밀한 사랑이 오갑니다. "이제부터는 너희를 종이라 하지 아니하리니 종은 주인의 하는 것을 알지 못함이라 너희를 친구라 하였노니 내가 내 아버지께 들은 것을 다 너희에게 알게 하였음이니라"(요 15:15).

여기서 더 나아가면 신랑과 신부의 단계로 들어갑니다. 아가 2장을 보면 술람미 여인과 솔로몬의 사랑 노래가 나오는데, 이것은 신랑과 신부의 관계를 말합니다. 우리와 예수님도 그와 같은 사랑의 관계입니다. "여자들 중에 내 사랑은 가시나무 가운데 백합화 같구나 남자들 중에 나의 사랑하는 자는 수풀 가운데 사과나무 같구나 내가 그 그늘에 앉아서 심히 기뻐하였고 그 실과는 내 입에 달았구나"(아 2:2-3).

솔로몬이 술람미 여인을 너무 사랑하다 보니까, 모든 여자가 무엇으로 보입니까? 가시나무입니다. 자신이 사랑하는 술람미 여인만 백합화로 보입니다. 그런데 어떤 남자들은, 모든 여자들이 백합화로 보이고 자기 아내가 가시처럼 보이기도 합니다. 이는 문제가 있습니다.

술람미 여인의 고백도 이렇습니다. "남자들 중에 나의 사랑하는 자는 수풀 가운데 사과나무 같구나." 모든 남자는 수풀로 보이고 자신의 남자만 사과나무로 보입니다. 그런데 또 어떤 여인들의 눈에는, 모든 남자는 사과나무로 보이고, 자기 남편만 수풀로 보입니다. 그러면 안 됩니다.

사랑하면 집중하게 되는데, 예수님께 집중하다 보니까 나머지는 모두 희미하게 보이는 것입니다. 사랑 속에서 예수님을 바라보는 것, 마리아가 예수님 발 앞에 앉아서 예수님을 바라보고 말씀을 들은 것처럼 예수님께만 집중하는 것이 참 사랑의 관계입니다.

"너희가 나의 명하는 대로 행하면 곧 나의 친구라"(요 15:14).

"명절 끝날 곧 큰 날에 예수께서 서서 외쳐 가라사대 누구든지 목마르거든 내게로 와서 마시라 나를 믿는 자는 성경에 이름과 같이 그 배에서 생수의 강이 흘러나리라 하시니"(요 7:37-38).

"저희가 길 갈 때에 예수께서 한 촌에 들어가시매 마르다라 이름하는 한 여자가 자기 집으로 영접하더라 그에게 마리아라 하는 동생이 있어 주의 발아래 앉아 그의 말씀을 듣더니 마르다는 준비하는 일이 많아 마음이 분주한지라 예수께 나아가 가로되 주여 내 동생이 나 혼자 일하게 두는 것을 생각지 아니하시나이까 저를 명하사 나를 도와주라 하소서 주께서 대답하여 가라사대 마르다야 마르다야 네가 많은 일로 염려하고 근심하나 그러나 몇 가지만 하든지 혹 한 가지만이라도 족하니라 마리아는 이 좋은 편을 택하였으니 빼앗기지 아니하리라 하시니라"(눅 10:38-42).

관상 기도는 무엇인가

이제 관상 기도에 대해 일곱 가지 정도로 정리해 보도록 하겠습니다.

첫째, 관상 기도는 황홀한 사랑의 기도입니다. 무엇인가 주지 않아도 그냥 서로 사랑 안에서 기뻐하는 기도입니다.

둘째, 관상 기도는 마음의 기도입니다. 무엇보다 우리 마음을 드리는 기도입니다.

셋째, 관상 기도는 하나님만 집중하여 바라보는 것입니다. 십자가의 성 요한은 "관상자는 오로지 하나님께 집중된 사랑의 시선으로 그분을 단순하게 바라본다…. 관상 기도란 부드럽고 달콤하며 사랑 가득한 하나님의 임재로, 우리가 방해하지만 않으면 영혼은 사랑의 영 안에서 타오르게 된다"고 말합니다.

넷째, 관상 기도는 사랑으로 예수님을 바라보며 그분을 더욱 깊이 알아가는 것입니다. 그분을 경험하고 정말 아는 것입니다.

관상 기도란 가득한 사랑으로 주님을 바라보는 것이다. 관상은 인식의 한 방법이다. 나는 관상 기도를 통해 주님을 알게 된다. 관상 기도를 통해 주님을 알게 되는 것이야말로 참다운 지식이며, 이러한 지식은 어떤 사상에 대해 아는 것보다 더 심오하다. 누구를 아는 것은 그 사람에 '관해' 아는 것과는 다르다. – 로버트 훼레시

다섯째, 관상 기도는 하나님께 가까이 나아가 하나님의 친밀한 음성을 듣는 것입니다.

앞에서 언급한 신앙 선배들의 말을 들어보면 한결같이 일치하는 내용이 무엇입니까? 바로 '사랑으로 음성을 듣는다는 것' 입니다. 사랑하면 들리게 되어 있습니다. 사람이 많은 곳에서 아이가 울 때 가장 먼저 그 울음소리를 알아듣는 사람이 누굴까요? 그 아이의 어머니입니다. 왜 그렇습니까? 사랑하기 때문에 들리는 것입니다. 관상

기도 속에서 하나님을 깊이깊이 만나게 되면 그 사랑 속에서 하나님의 음성을 듣게 되는 것입니다.

여섯째, 관상 기도는 하나님의 사랑 안에서 안식하는 기도입니다.

집이 크다고 안식합니까? 잠언 말씀에도 있듯이, "다투는 여인과 함께 큰 집에서 사는 것보다 움막에서 혼자 사는 것이 낫습니다"(잠 21:9). 또 "다투며 성내는 여인과 함께 사는 것보다 광야에서 혼자 사는 것이 낫습니다"(잠 21:19). 맛있는 고기를 먹으며 다투는 것보다는 누룽지를 먹으면서도 평화로운 것이 낫습니다.

아내 되시는 분들, 남편이 실수하거든 용서해 주십시오. 어떤 분들은 남편이 실수할 때 불러다 앉혀 놓고 이렇게 말합니다. "한 번은 용서해 주는데, 또 그러면 국물도 없어!" 이게 용서입니까, 협박입니까? 그런 얘기를 들으면 밖에 있는 모든 여자가 예뻐 보인다는 말이 있습니다. 반면에 무조건 받아 주면 아내가 천사처럼 보입니다. 깨달음이란 이렇게 지극히 단순한 데 있습니다. 얼굴이 고와서 예쁜 게 아니라 마음이 고아서 예쁜 것입니다. 아내들은 남편이 집에 들어와 정말 안식할 수 있도록 해 주어야 합니다.

주님은 "수고하고 무거운 짐 진 자들아 다 내게로 오라 내가 너희를 쉬게 하리라"(마 11:28)고 말씀하십니다. 제자들에게도 쉬라고 하십니다. "사도들이 예수께 모여 자기들의 행한 것과 가르친 것을 낱낱이 고하니 이르시되 너희는 따로 한적한 곳에 와서 잠깐 쉬어라 하시니 이는 오고가는 사람이 많아 음식 먹을 겨를도 없음이라"(막 6:30-

31). 안식의 핵심은 사랑입니다. 사랑 가운데서 용서해 주는 사랑, 우리가 어떤 죄를 지었다 할지라도 우리를 받아 주는 사랑입니다.

일곱째, 관상 기도는 성령 기도입니다. 성령 안에 깊이깊이 들어가는 기도입니다.

"그 사람이 손에 줄을 잡고 동으로 나아가며 일천 척을 척량한 후에 나로 그 물을 건너게 하시니 물이 발목에 오르더니 다시 일천 척을 척량하고 나로 물을 건너게 하시니 물이 무릎에 오르고 다시 일천 척을 척량하고 나로 물을 건너게 하시니 물이 허리에 오르고 다시 일천 척을 척량하시니 물이 내가 건너지 못할 강이 된지라 그 물이 창일하여 헤엄할 물이요 사람이 능히 건너지 못할 강이더라"(겔 47:3-5).

성령 안에서 기도하면 억지로 노력하지 않아도 하나님과의 깊은 관계 속에 들어가는데, 마치 봄바람에 모든 것이 소생하는 것과 같습니다. 성령의 바람이 불면 완전히 달라집니다.

고요하게 앉아 있어라. 아무것도 하지 말아라. 봄은 오고 그리고 풀은 절로 자란다. - 델마 홀

3. 기도는 더 깊은 은혜를 부른다

"내가 상상을 초월하는 인생을 경험해 온 것은 오직 기도를 통해서였다"
—폴 마이어

아빌라의 성녀 테레사가 말한 기도에 관한 말씀을 드리고 이야기를 맺을까 합니다. 테레사는 기도를 네 단계로 말합니다.

첫 번째는 물통에 물을 길어오는 방법, 두 번째는 펌프질하는 방법, 세 번째는 냇물에서 물길을 트는 방법, 네 번째는 소낙비가 내리는 방법입니다. 이를 다시 설명하면 이렇습니다.

처음에 기도할 때는 우리가 노력합니다. 물통으로 물을 길어오는 수고를 합니다. 두레박으로 물을 퍼내기도 하고, 힘들게 물을 긷습니다. 두 번째 단계는 펌프질을 하는 것입니다. 그러면 물이 확 올라옵니다. 물통에 물을 길어 오는 것보다 더 수월합니다. 세 번째 단계는 아예 저수지에서 물꼬를 트는 것입니다. 이것도 아주 놀라운 단계입니다. 그런데 마지막 단계는 아무것도 하지 않아도 됩니다. 하늘에서 비가 내리는 단계입니다. 이 단계가 관상 기도의 단계입니다.

모든 단계에 들어가기 위해서는 우리가 '영혼의 깊은 밤'을 통과할 수도 있습니다. 오랜 기간 그저 침묵해야 할 수도 있습니다. 그러나 잘 기다리면 하나님의 음성을 들을 수 있게 됩니다. 하나님을 바라보면서 하나님의 사랑 안에서 안식하고 즐거워하는 단계에 들어가게 됩니다. 이것이 영성적 기도입니다. 이런 기도 안에서 주님과 더 깊은 친밀함 속에 거하는 삶을 추구하십시오.

관상 기도는 내적 변화의 과정이다. 하나님이 내주하시는 대화이며, 우리가 동의할 경우에 하나님과의 연합으로 이루어진다. −토마스 키딩

"기도는 **하나님을 담을** 만큼
우리 마음을 넓혀 줍니다"

내 비밀은 단순하다. 기도하는 것이다. 기도를 통해 나는 사랑 안에서 그리스도와 하나가 된다. 그분께 기도하는 것이 그분을 사랑하는 것임을 깨닫는다.

사실 참된 기도는 하나뿐이며 본질적 기도도 하나뿐이니, 곧 그리스도 자신이다. 지면을 떠나 위로 올라가는 목소리는 하나뿐이니 곧 그리스도의 목소리다. 완전한 기도는 많은 말에 있지 않고 마음을 예수께로 올려 주는 뜨거운 열망에 있다.

기도를 사랑하라. 하루 동안 기도의 필요성을 자주 느끼라. 기도는 하나님의 선물인 그분 자신을 담을 수 있을 만큼 우리 마음을 넓혀 준다. 구하고 찾으라. 그분을 받아들여 당신 것으로 지킬 수 있을 만큼 당신 마음이 커질 것이다. -마더 테레사

기도는 하나님 안에 거하는 것이다

영성적 기도의 한 장르라 할 수 있는 관상 기도는 말 그대로 예수님을 바라보는 기도입니다. 주님을 응시하고 바라보는 가운데 우리 마음과 영혼이 그분의 사랑에 흠뻑 젖는 것입니다. 그리고 그 결과는 우리 성품의 변화입니다. 열매가 없거나 말씀을 벗어난 모든 체험은 무의미합니다. 모든 체험은 그리스도를 믿는 믿음으로 연결되어야 합니다.

관상 기도는 크게 읽기, 묵상, 기도, 관상 네 단계로 나눠집니다.

읽기의 단계에서는 천천히, 사랑의 편지를 읽듯이 거룩한 상상력을 이용하여 당신 존재 안에 계신 예수님을 만나십시오.

그리고 묵상의 단계에서 그 읽은 내용을 깊이 곱씹으며 하나님의 음성을 들으십시오. 읽은 말씀이 우리에게 들리는 음성이 되어야 합니다.

그리고 깨달은 말씀을 가지고 주님께 아뢰십시오. 겸손하게 말씀을 붙잡고 더 깊이 깨닫기 위해 기도하는 것입니다.

마지막 관상의 단계는 예수님과 대면하는 것입니다. 우리 내면에 있는 거룩한 성소에서 주님을 만나고 그 주님과 깊이 교제하는 것입니다.

이렇듯 영성적 기도는 황홀한 사랑의 기도며 주님께 나아가 그분의 친밀한 음성을 듣는 것입니다. 그리고 그 사랑 안에서 안식하는 기도입니다.

::2

기도의 골방은 하나님의 선하심을 확인하는 처소이자
무한한 기쁨이 넘치는 샘이다. - 앤드류 머레이

감성 기도　　　　　장경철

하나님과 친밀한 관계의 기쁨을 누린다

1. 기도는 영적 건강의 척도다

믿음이 하나님을 향한 바른 자세라면
기도는 하나님을 향한 우리의 자세를 구체적 행위로 드러내는 것입니다.

살아 있되 건강하게, 믿음을 가지되 실제적이게

신앙생활을 하다 보면 모두들 기도가 중요하다고 말합니다. 그렇다면 신앙생활에서 기도가 차지하는 위치는 어디일까요? 다들 왜 그렇게 기도가 중요하다고 말하는 것일까요?

많은 이유가 있겠지만 무엇보다도 기도가 중요한 이유는 이것이 믿음의 실행이기 때문입니다. 믿음이 하나님을 향한 바른 자세라면 기도는 하나님을 향한 우리의 자세를 구체적 행위로 드러내는 것입니다.

사람이 아무리 좋고 특출 나도 그가 이 세상 사람이 아니라면 아무 의미가 없습니다. "산 개가 죽은 사자보다 낫다"는 말처럼 말입니다. 그런데 살아 있는 것도 건강하게 살아 있어야 좋습니다. 병원에 누워서 거동하지 못하고 고통 가운데 있다면 그의 삶은 보는 이들의 안타까움을 자아낼 것입니다.

대신 건강하게 움직이며 다른 사람의 몫까지 살아내고 있다면 더 큰 보람을 느끼게 될 것입니다. 자녀나, 아내나, 친구들이 나 때문에 부담을 져야 한다면 본인 스스로도 참 부담스러운 것입니다. 이렇게 살아 있는 것과 건강한 것의 관계는, 믿음이 있는 것과 기도하는 것의 관계와 비슷합니다.

믿음은 하나님을 향한 바른 자세라고 했습니다. 자세만 있으면 이미 믿음이 있는 것입니다. 저는 학교에서 학생들을 가르칠 때 떠드는 학생을 잘 찾아냅니다. 강의할 때는 졸거나 떠드는 학생을 잘 보지 않는 편이지만 누가 떠들 것인지는 훤히 보입니다. 대개 떠들 사람은 곧바로 떠드는 게 아니라 떠들기 전에 어떤 특징적인 모습을 미리 보여 줍니다.

영화에만 예고편이 있는 게 아니라 인생에도 다 예고편이 있습니다. 떠들 사람들은 저를 향해서가 아니라 자기 친구를 향해서 어깨가 기울어져 있습니다. 그래서 '아, 인생에서 자세가 중요하구나' 하는 것을 느낍니다. 살아갈 때도 중요하고, 특히 내가 만들어 낼 수 없는 것, 내 힘으로 도달할 수 없는 분을 향해서는 더욱 이 자세가 중요합니다.

인생이 어두울 때, 우리가 노력한다고 해서 빛을 만들어 낼 수는 없습니다. 그래서 빛을 향한 자세가 중요합니다. 빛을 향해 자세를 바꾸는 것, 그것이 믿음입니다. 자세만으로도 구원받을 수 있습니다.

그러나 살아 있는 것과 건강하게 움직이는 것이 다르듯, 그냥 믿음만 있는 것과 기도로 훈련된 믿음은 다릅니다. 기도는 우리의 믿음을 훈련하고 실행(exercise)하는 것입니다. 내가 하나님을 아버지로, 우주 만물의 창조주로 모시고 산다는 것은 그 믿음을 구체적으로 실행하여 결실을 맺는 것인데, 그 실행이 바로 기도입니다.

친밀한 관계가 목적이다

우리는 우리가 궁극적으로 믿고 의지하는 분에게 나아가며 기도합니다. 기도는 하나님과의 친밀한 관계 속에서 새로운 힘을 공급받는 행위입니다. 또한 하나님의 임재 가운데 하나님의 말씀을 태워서 에너지를 만드는 행위입니다. 우리가 먹는 양식도 먹고서 소화를 시켜야 에너지를 얻을 수 있듯이 말씀이 우리의 것이 되려면 말씀을 내 것으로 만드는 과정이 필요합니다.

우리 인생은 힘이 있는 만큼만 살아 있는 것입니다. 눈꺼풀을 들어 올리는 것, 얼마나 쉽습니까? 그런데 사람이 죽을 때가 되면 이 힘마저 없습니다. 호흡하는 것, 너무 쉽습니다. 하지만 임종하는 분들을 보면, 호흡이 가빠집니다. 제대로 숨을 쉴 수 없는 것입니다. 이 힘이 어디에서 옵니까? 우리가 먹는 음식에 있지 않습니다. 심지어 소화시킨 영양소에도 있지 않습니다. 영양소가 산소와 만나 산화되어 탈 때 그때 열량이 발생합니다. 그것을 에너지라고 합니다.

기름만 넣는다고 차가 가는 것이 아니라 기름을 연소시켜야 합니다. 완전 연소를 시키면 에너지가 더 증가됩니다. 성경을 읽는다고, 혹 설교를 듣는다고 에너지가 만들어지는 것은 아닙니다. 이 하나님의 말씀을 연소시켜야 합니다. 말씀을 내 삶 속에 녹이고, 내 것으로 받아들여, 모든 염려가 사라지게 될 때 영적인 삶의 에너지가 나오는 것입니다.

제가 쓴 책 가운데 「개나리는 근심하지 않는다」가 있는데, 이 책의 제목처럼 인간을 제외한 모든 피조물은 근심하지 않습니다. 얕은 지식과 지혜로 하나님을 신뢰하지 못하는 인간만이 유독 근심하며 불안해합니다. 신앙은 하나님 앞에 나와서 이런 염려를 맡기는 것입니다.

살아 있는 것과 건강하게 움직이는 것이 다르듯, 그냥 믿음만 있는 것과 기도로 훈련된 믿음은 다릅니다. 기도는 우리 믿음을 훈련하고 실행하는 것입니다.

하나님을 아버지로, 우주 만물의 창조주로 모시고 산다는 것은 그 믿음을 구체적으로 실행하여 결실을 맺는 것인데, 그 실행이 바로 기도입니다.

마음의 여러 모양 – 감성, 감정, 정서

감성 기도에 대해 살펴보기 전에 우선 마음에 관해서 생각해 보겠습니다. 마음이 무엇입니까? 마음은 형태가 없고 경계가 없는 것을 감지하는 인간의 내적인 기능입니다. 또는 그 자리이기도 합니다. 우리는 존재하는 것들을 보는 것이 아니라, 존재하되 경계선을 갖고 있는 것들만 눈으로 봅니다. 존재하지만 경계선이 없는 것은 볼 수 없습니다. 공기는 눈에 보이지 않지만 빗방울이 되면 우리 눈에 보이기 시작합니다. 하지만 내 눈의 범위를 넘어서게 되면 또다시 볼 수 없습니다. 그런 것들은 마음으로 보는 것입니다.

이 마음에서 감성과 감정과 정서가 산출됩니다. 단어들은 다 비슷비슷한데 쓰임새가 조금씩 다릅니다. 감성이라고 하면 눈에 보이지 않는 것, 어떤 분위기라든지 관계, 이런 것들을 느끼는 기능입니다. 그렇게 느끼고 난 후 내 안에 응어리져서 남아 있는 것들이 감정입니다. 거기에는 좋은 감정이 있을 수도 있고 나쁘거나 싫은 감정이 있을 수도 있습니다.

따라서 우리 자신이 싫어하는 사람들은 대개 이전에 불쾌함을 많이 느꼈던 유형의 사람들입니다. 불쾌함이 쌓여 악감정으로 남아 있기 때문에 사람이 싫은 것입니다. 그래서 이 나쁜 감정을 없애려면, 이 감성적 기능을 정화시켜야지, 내 안에 있는 나쁜 감정들을 청소하려 해서는

잘 안 됩니다. 그리고 정서는
대기권에 공기가 있듯 감정을
불러일으키는 기분이나 분위
기를 말합니다.

마음은 마음으로 읽는다

우리는 이 마음을 통해 우리를 향한 하나님의 사랑과 호의를 볼 수 있습니다. 그래서 감성이 중요한 것입니다.

예를 들면, 누가 나에게 선물을 줍니다. 그때 상대방이 주는 선물은 눈에 보이지만 그 선물을 주는 사람의 마음은 나의 마음으로 보는 것입니다. 그래서 개별적인 것을 보는 데는 눈이 도움이 될지 모르지만, 사실 그보다 더 본질적인 것들은 마음이 아니면 볼 수 없습니다. 그리고 보이는 것들조차 보이지 않는 것으로 말미암아 된 것입니다. 따라서 보이지 않는 것을 보기 위해서는 마음을 깨끗이 해야 합니다. 성경에 이런 말씀이 있습니다.

"마음이 청결한 자는 복이 있나니 저희가 하나님을 볼 것임이요"(마 5:8).

이 감성은 우리의 선택과 구매에도 많은 영향을 미칩니다. 전도할 때도 상대방의 마음이 움직여야 됩니다. 마음의 충격을 받아야 하나님을 향해 문을 열 수 있는 것입니다. 지성적 결정은 이 충격을 받은 사람이 자신의 선택을 합리화하는 과정입니다. 그리고 요즘은 EQ라고 해서 지능 지수만큼이나 감성 지수도 중요해진 시대가 되었습니다.

마음을 드려야 그분의 마음도 움직인다

그렇다면 기도 생활에서 우리의 마음이 차지하는 위치는 어디입니까? 진정한 종교는 우리의 지성이나 사고 안에 있지 않고 마음과 감정 안에 있습니다. 그것이 행동의 원동력이 되기 때문입니다. 활동적인 감정이 없는 교리나 지식, 사변은 종교와 신앙의 일에 수긍하도록 할 수는 있어도 참여하도록 하지는 않습니다.

지성은 고개를 끄덕이게 할 수는 있지만, 헌신하고 참여하게 만드는 것은 마음이 움직여야 가능합니다. 그래서 감성 기도는 우리 마음으로 드리는 기도며 하나님의 마음을 움직이는 기도입니다. 우리 마음이 움직일 때 진정으로 하나님께 가까이 가고 하나님의 마음을 움직이는 기도를 할 수 있게 됩니다.

기도하지 않는 것은 죄다

세상의 수많은 그리스도인 일꾼들이 더 큰 영향력을 미치지 못하는 이유는 딱 하나다. 기도하지 않고 일하기 때문이다.

그들은 서재의 연구와 교회 일에 열심히 매달리고 설교와 사람들과의 대화에 정성을 쏟지만 끊임없는 기도가 부족하다. 성령의 확실한 약속과 위로부터 오는 능력의 통로인 기도가 없다. 강력한 영적 삶이 부족한 이유는 다름 아닌 기도하지 않는 죄다! - 앤드류 머레이

2. 기도할 때 하나님과 관계가 깊어진다

감성 기도는 하나님과 인격적인 사귐과 지속적인 대화가 오가는 것입니다.
이런 사귐이 있으면 "아버지" 하고 하나님을 부르기만 해도 기도가 됩니다.

소원 성취와 기도 응답은 다르다

그러면 감성 기도는 과연 어떤 기도인지 몇 가지로 살펴보겠습니다. 첫 번째, 감성 기도는 하나님과의 직접적인 교제를 기뻐하는 기도입니다. 이것은 하나님과 직접 대면하는 기도며 반드시 응답이 있는 기도입니다.

소원의 성취와 하나님의 응답은 **구별되어야** 한다

여기서 응답에 대해서 바른 개념 정리가 필요할 것 같습니다. 우리는 하나님 앞에 간구할 때 주로 "하나님, 이것을 해결해 주시면 좋겠습니다. 이것을 허락해 주세요" 하고 소원을 아룁니다. 그런데 소원의 성취와 하나님의 응답은 구분이 되어야 합니다.

예를 들면, 우리 아이들이 아빠인 저에게 달라는 게 있습니다. "아빠, 천 원만 주세요." 또는 "휴대폰 사 주세요", "……해 주세요"라고 합니다. 이때 제가 아이들이 원하는 것을 곧바로 줄 수도 있고, 휴대폰 같은 경우는 "중학교 졸업할 때까지 좀 기다려 봐라"고 얘기할 수도 있고, 또 "너한테는 그것이 필요하지 않을 것 같다"고 할 수도 있습니다. 다시 말해 소원의 성취는 지금 당장 이뤄질 수도, 시간이 좀 지난 뒤 이뤄질 수도, 또 이뤄지지 않을 수도 있습니다.

하지만 응답은 무엇입니까? 아이가 물어볼 때 제가 뭐라고 이야기해 준 것이 응답입니다. 아이가 물어보는 데 제가 대답하기 싫다고 방으로 들어가 문 잠그고 나오지 않는 것이 아니라면 응답을 한 것입니다. 그러니까 우리가 하나님 앞에 기도할 때 소원이 어떻게 이루어지느냐는 다양하게 전개되지만, 응답은 반드시 있는 것입니다.

하나님은 우리가 기도할 때 때로는 성경 말씀을 통해서, 때로는 목사님의 설교를 통해서, 혹은 사람들을 통해서, 그리고 가로수의 잎사귀 하나를 통해서도 그분의 세밀한 음성을 들려주십니다. 이런 것들은 귀로 듣는 것이 아니라 마음으로 듣는 것입니다. 따라서 하나님의 응답과 소원의 성취는 분명히 구분이 되어야 합니다.

그리고 감성의 기도는 인격적인 사귐과 지속적인 대화가 오가는 것입니다. 일방적으로 용건만 간단히 말하고 끝나는 것이 아닙니다.

"아바 아버지"라 부르는 데서 **교제가 시작**된다

그렇다면 하나님과의 직접적인 교제를 하려면 어떻게 해야 할까요? 아버지를 불러야 합니다. 아이들이 아버지를 "아빠!"라고 부르고, 아버지가 자녀를 'ㅇㅇ아!'라고 부르듯 서로 불러야 합니다. 감성의 기도는 하나님을 "아바, 아버지"라고 부르는 기도입니다. "아버지" 하고 이름만 불러도 충분히 기도가 됩니다. 우리가 잘 아는 시인 김소월의 "초혼"이라는 시가 있습니다.

산산이 부서진 이름이여!
허공중에 헤어진 이름이여!
불러도 주인 없는 이름이여!
부르다가 내가 죽을 이름이여!
(중략)

선 채로 이 자리에 돌이 되어도
부르다가 내가 죽을 이름이여!
사랑하던 그 사람이여!
사랑하던 그 사람이여!

이 시에도 이름을 부르는 것이 나오는데, 우리가 기도할 때 하나님 아버지를 부르는 것과는 그 내용이 전혀 다릅니다. 우리는 부르다가 죽을 이름이 아니라 부르다가 사는 이름을 부릅니다. 우리를 소생케 하는 이름이며 주인이 있는 이름입니다. 인생의 참 주인을 만나 변화가 있게 되는 이름입니다.

감성의 기도는 나의 이름을 부르시는 분을 이제는 내가 부르는 것입니다. 우리는 이름을 부름으로써 하나님께 가까이 나아갑니다. 사도 바울의 경우를 보더라도, 주님이 먼저 그의 이름을 불러 주시고 다음에 바울이 주님을 부르지 않습니까?(행 9:4-5 참조)

"사울아, 사울아, 네가 어찌하여 나를 핍박하느냐."

"주여 뉘시오니이까?"

"나는 네가 핍박하는 예수라."

이렇듯 믿음을 갖는다는 것은 그저 피조물의 지위로 하나님과 사귀는 것이 아니라 하나님이 구체적으로 내 이름을 불러 주시는 것입니다. 그때부터 믿음이 시작됩니다. 그리고 그에 대한 응답으로 나도 주님의 이름을 부르는 것입니다. 그럴 때 "누구든지 주의 이름을 부르는 자는 구원을 얻으리라"(롬 10:13)는 말씀처럼 구원의 여정이 시작됩니다.

그래서 다음의 찬양처럼 주님을 향해 고백할 수 있는 것입니다.

빛이 없어도 환하게 다가오시는 주 예수 나의 당신이여.

음성이 없어도 똑똑히 들려주시는 주 예수 나의 당신이여.

나는 없어도 당신이 곁에 계시면 나는 언제나 있습니다.

나는 있어도 당신이 곁에 없으면 나는 언제나 없습니다.

당신이 있음으로 나도 있고

당신의 노래가 머묾으로 나는 부를 수 있어요.

주여 꽃처럼 향기 나는 나의 생활이 아니어도

나는 당신이 좋을 수밖에 없어요.

주 예수 나의 당신이여.

이름을 부를 때 '영원한 당신'을 만난다

우리가 이름을 부르게 될 때 3인칭이던 존재가 2인칭이 되어 내게 다가옵니다. 나와 너의 관계가 맺어지는 것입니다. 이름을 부르면 죽었던 것들도 살아나게 됩니다. 하나님이 우리의 이름을 불러 주시면 잠자고 있는 내 안의 가능성들이 깨어나기 시작합니다.

수업할 때도 선생님이 학생들의 이름을 부르면 자는 학생들이 다 깨어납니다. 좋은 선생님은 이름을 잘 부르는 선생님입니다. 좋은 지도자는 백성들의 이름을 부릅니다. 좋은 목회자는 꾸준히 성도들의 이름을 불러 줍니다. 이름을 부르면 흩어졌던 모든 것이 모아지고 죽었던 것들이 살아나고 잠자는 것들이 깨어나고 소생하는 기적이 일어납니다.

그래서 하나님의 이름을 부를 때 우리는 언제나 우리에게 다가오시는 '영원한 당신(Eternal You)'을 만나게 되는 것입니다. 나를 돌보시고 내 손을 잡아 주시는, 나의 사랑하는 자를 만나는 것입니다.

"나의 사랑, 나의 어여쁜 자야 일어나서 함께 가자 겨울도 지나고 비도 그쳤고 지면에는 꽃이 피고 새의 노래할 때가 이르렀는데 반구의 소리가 우리 땅에 들리는구나"(아 1:10-12).

기도는 하나님 품에 안기는 것이다

우리가 하나님과 직접적으로 대면하여 주님의 이름을 부를 때 우리는 삼위일체 하나님의 사귐 속으로 들어가게 됩니다. 우리의 기도를 들으시는 성부 하나님, 친히 기도의 모범을 보여 주시고 기도를 가르쳐 주시는 성자 하나님, 그리고 친히 곁에서 간구하시며 우리의 기도를 이끌어 주시는 성령 하나님을 만나게 되는 것입니다. 이 삼위일체 하나님의 친밀한 관계 속에 들어가는 것이 기도입니다.

감성 기도는 하나님의 품에 안기는 것이다

감성 기도는 하나님과 교제하는 것이면서 하나님의 크신 품에 안기는 것입니다. 또한 하나님의 품안에 안겨서 비비는 것입니다.

우리는 보통 기도라고 하면 뭔가를 요구하며 달라고 하는 간구를 생각하는데 기도와 간구는 같지 않습니다. 기도는 궁극적으로 우리와 하나님의 관계라고 할 수 있습니다. 그 관계 안에서 간구도 있는 것입니다. 앞에서도 언급했듯이 우리는 아버지의 이름을 부르기만 해도 이미 기도하는 것입니다.

데살로니가전서 5장 17절에도 "쉬지 말고 기도하라"고 하지, "쉬지 말고 간구하라"고 하지 않았습니다. 만약 쉬지 말고 간구해야 한다면 굉장히 성가신 일일 것입니다. 하나님은 "쉬지 말고 기도하라," 다시 말해 "항상 나와 친밀한 관계 속에 있으라"고 말씀하셨습니다.

예를 하나 들겠습니다. 우리 막내가 아주 어렸을 때 엘리베이터가 없는 5층짜리 아파트에 산 적이 있습니다. 그때 저희가 4층에 살고 있었는데, 제가 외출하려고 옷을 입고 허리띠를 매면, 저희 막내가 제 허벅지에 와서 비벼댑니다. 애가 말을 못하니까 처음에는 그 행동이 무슨 뜻인지 몰랐습니다. 그런데 나중에 알고 보니 같이 밖에 나가고 싶다는 뜻이었습니다. 엘리베이터가 없으니까 엄마가 데리고 외출하기가 힘들잖아요? 그러니까 아빠가 바지를 입으면 눈치가 있어서 밖에 나가는 줄 알고 와서 비비는 것입니다. 그래서 제가 데리고 나가서 주차장에서 좀 놀아 주고 출근을 하고는 했습니다.

또 한번은 저녁 때 제가 퇴근을 하니 막내가 신발장 있는 현관에서 놀고 있는 것입니다. 그래서 번쩍 들어 안아 줬더니 그렇게 좋아할 수가 없었습니다. 그리고 다음 날부터는 한 일주일 동안 같은 행동을 반복했습니다. 아빠가 퇴근할 때쯤 거기서 놀고 있다가 아빠가 오면 두 팔을 벌려서 안아 달라고 하고, 제가 안아 주면 좋아하고…. 아이의 그런 모습을 보고 제가 느낀 것이 있습니다. '아버지의 품에 안기는 것이 이렇게 좋은 것이구나' 하는 것입니다.

감성 기도는 **하나님께 비비는 것**이다

어떤 분들은 이런 말을 합니다. "우리가 기도할 때 하나님이 우리 사정을 이미 아시는데 굳이 다 이야기할 필요가 있나요?" 정말 일리가 있는 말입니다. 하나님의 능력을 고려한 생각이라고 볼 수 있습니다. 그런데 이렇게 생각하면 어떨까요? 아버지 되신 하나님께 와서 안기고 비비다가 뭔가를 구하는 것은 그냥 자기 방구석에 처박혀서 "하나님, 주세요"라고 하는 것과 다르지 않을까 하는 것입니다.

야고보서에 "의인의 간구는 역사하는 힘이 많으니라"(약 5:16)는 구절이 있습니다. 여기서 말하는 의인은 죄를 하나도 안 짓는 사람이라는 의미라기보다 하나님과 바른 관계에 있는 사람을 말합니다. 예수님의 피로 의롭다 칭함을 받은 사람입니다. 그런 사람이 하나님 앞에 비비면서 하는 기도는 응답도 더 잘될 줄로 믿습니다. 이렇듯 감성 기도는 비비는 기도입니다.

> 주의 친절한 팔에 안기세 우리 맘이 평안하리니
>
> 항상 기쁘고 복이 되겠네 영원하신 팔에 안기세
>
> 주의 팔에 그 크신 팔에 안기세
>
> 주의 팔에 영원하신 팔에 안기세 — 찬송가 458장

참 행복은 소원 성취에 있지 않다

주님의 팔에 안길 때 우리는 친밀함을 느낍니다. 그리고 이 친밀함을 통해 참 행복을 경험합니다. 보통 사람들은 돈을 벌거나 명예를 얻거나 높은 지위에 오르면 행복해질 것이라고 생각합니다. 그리고 자신이 바라던 소원이 성취될 때 가장 큰 행복감을 느낍니다. 하지만 이것은 그다지 오래가지 않습니다. 소원이 성취되고 나면 그것이 당연하게 여겨지기 때문입니다.

고3 학생들이나 재수생들은 대학만 들어가면 소원이 없겠다고 말합니다. 하지만 정작 대학에 들어가고 나면 생각이 완전히 달라집니다. 배고픈 사람은 배부르게 실컷 먹어 봤으면 소원이 없겠다고 말합니다. 하지만 그렇게 먹고 나면 또 다른 소원이 생깁니다. C. S. 루이스의 말처럼 이런 소원 속에서 행복을 찾는 사람들, 결핍된 것을 채우기 원하는 사람들은 원하는 것을 얻기 전에는 비이성적인 집착을 가지며, 얻고 난 다음에는 비이성적인 환멸을 느끼게 되어 있습니다.

결혼 생활도 마찬가지입니다. 좋아서 쫓아다니고 서로 사랑해서 결혼을 했습니다. 그런데 어떻습니까? 결혼하고 난 다음에는 쳐다보지도 않습니다. 그래서 소원 성취 속에는 행복이 있기는 하지만 일시적인 것이라는 말입니다. "내가 승진만 하면 아무 걱정이 없겠다. 정말 행복하겠다"고 말하지만, 그것을 이루고 나면 그 행복감이 오래가지 않습니다. 그러니 오히려 고위직에 있는 분들이 자살하는 경우가 많은 것입니다.

공부하는 학생들을 봐도, 40명 가운데 39등 하는 학생이 자살하는 경우는 드뭅니다. 학교도 외국어 고등학교나 과학 고등학교처럼 공부를 더 잘하는 데서 자살했다는 학생들이 나옵니다. 이해가 안 되는 것 같지만 원리를 알고 나면 이해할 수 있는 일입니다.

만약 자신의 능력이나 지위가 5 정도 된다고 합시다. 그런데 10배로 노력해서 50이 되었습니다. 그러면 일단 행복합니다. 하지만 오래가지는 않습니다. 왜냐하면 옛날에는 있는 줄도 몰랐던 100을 만나게 되는 것입니다. 그래서 새롭게 열등감을 느끼게 됩니다. 게다가 열등감의 정도도 커집니다.

옛날에는 4~6 정도 되는 사람들과 만나서 자신과의 별 차이를 못 느꼈는데 이제는 50 이상의 격차를 느끼는 것입니다. 그래서 만약 더 노력을 했다고 합시다. 다시 10배를 노력을 해서 500이 되었습니다. 그러면 이제 1000이나 2000을 만나게 되는 것입니다. 새로운 열등감이 여러분을 '영접' 하는 것입니다.

행복은 **깨달음을 통해** 얻는다

그러니 자신의 바깥에 행복이 있다고 생각하면 곤란해집니다. 행복은 멀리 있는 것이 아니라 '깨달음'을 통해 얻게 되는 것입니다. 복을 받았다고 해서 모두가 행복해지는 것이 아닙니다. 모르고 받은 복은 복이 아니기 때문입니다.

젊은이들은 젊음이 복인 줄 잘 모릅니다. 이마가 벗겨지거나 머리가 희어지기 전에는 모를 수 있습니다. 그 전에 안다면 그는 굉장히 행복한 사람입니다. 우리가 가진 건강이나 시간이나 젊음의 진정한 가치를 알기 위해서는 그것이 없어져 봐야 합니다. 그래야 있었던 것의 소중함을 깨닫게 되는 것입니다. 그것이 복이요, 행복입니다.

그렇기 때문에 우리는 소원 성취를 통해서가 아니라 깨달음을 통해서 행복을 누리게 되는 것입니다. 하나님과의 관계에서도 마찬가지입니다. 기도를 통해 가지는 하나님과의 '친밀한 교제' 그것이 참 행복입니다.

저는 시간이 있으면 종종 아내와 함께 서울 근교의 불암산에 올라갑니다. 불암산은 바위가 많고 나무는 그렇게 많지 않아 재미있는 산은 아닙니다. 그래도 우리가 항상 가는 지점이 있는데, 그곳에 가면 바위를 따라서 물이 내려옵니다. 물소리를 듣고 있으면 기분이 아주 좋아집니다. 그래서 '여기가 설악산이다' 생각하며 앉아 있다 옵니다. 거기만 가면 그렇게 행복합니다. 산 곳곳에 배여 있는 하나님의 손길을 느끼며 친밀한 하나님을 경험하기 때문입니다.

어디에나 계시는 하나님, 하늘과 땅과 우리 마음 가운데 계셔서 우리의 기도를 들으시는 하나님을 친밀하게 경험하는 것, 그것이 참 행복입니다.

저 장미꽃 위에 이슬, 아직 맺혀 있는 그때에
귀에 은은히 소리 들리니 주 음성 분명하다.
그 청아한 주의 음성 울던 새도 잠잠케 한다.
내게 들리던 주의 음성이 늘 귀에 쟁쟁하다.
주가 나와 동행을 하면서 나를 친구 삼으셨네.
우리 서로 받은 그 기쁨은 알 사람이 없도다. – 찬송가 499장

기도는 하나님을 향한 사랑 고백이다

감성 기도는 믿음과 사랑의 고백이 있는 기도입니다. 하나님이 세상보다 크심을 고백하며 그분의 광대하심을 고백하는 기도입니다.

그리고 하나님이 주시는 평안을 누리는 기도입니다.

믿음을 **고백하면 평안**이 임한다

특히 믿음의 고백을 하게 되면 우리 안에 평안이 임하게 됩니다. 이 평안은 모든 사람에게 주어진 것이 아니라 오직 소수의 사람들에게만 주시는 선물처럼 보입니다. 왜 그럴까요?

성경은 하나님을 믿고 기도하면 평안을 주신다고 말씀합니다. 그런데 실제로는 밤에 편안하게 잠을 잘 자는 사람이 많지 않습니다. 평안을 누리는 사람이 많지 않은 것입니다.

"아무것도 염려하지 말고 오직 모든 일에 기도와 간구로 너희 구할 것을 감사함으로 하나님께 아뢰라 그리하면 모든 지각에 뛰어난 하나님의 평강이 그리스도 예수 안에서 너희 마음과 생각을 지키시리라"(빌 4:6-7).

저희 집에서 있었던 일화를 하나 소개하겠습니다. 우리 아이들이 어렸을 때입니다. 제가 아이들을 데리고 노는데, 한번은 둘째가 말을 안 들어서 공중에 높이 들고 "너 말 안 들으면 목욕탕에 빠뜨린다"고 했습니다. 그랬더니 아이가 처음에는 기분 좋아하다가 좀 겁이 나는지 내려 달라고 했습니다.

그때 마침 첫째아이가 들어왔는데, 둘째는 언니한테 도움을 청했습니다. "언니, 나 좀 살려 줘! 아빠가 나를 처단하려고 그래!" 아이들 사이에서는 그것을 '처단'이라고 불렀습니다. "나를 물에 빠뜨린대!"

그러면 보통 첫째가 합세해서 저에게 덤비기도 하는데, 그날따라 전혀 대꾸가 없었습니다. "언니, 아빠가 나를 물에 빠뜨린대. 빨리 좀 살려 줘!" 그래도 대꾸가 없는 것입니다. "언니, 빨리 좀 살려 달라니까!"

그제야 첫째가 목소리를 내리깔고는 이러는 것입니다. "야, 시끄럽다. 조용히 좀 해라." "언니, 아빠가 나를 물에 빠뜨린대!" 그러자 마지막으로 하는 말이 "야, 아빠는 너를 물에다 절대로 안 빠뜨리니까 그냥 거기서 푹 쉬어라" 하는 것입니다. 제가 그걸 듣고 깨달은 게 있습니다. '아, 저것이 믿음이구나.'

하나님이 왜 소수의 사람들에게만 평안을 주시냐면 하나님을 세상보다 크다고 믿고 고백하는 사람이 적기 때문이랍니다. 사업이 아무리 잘돼도, 공부를 아무리 잘해도, 공부가 제일 중요하고 사업이 제일 중요하다고 생각하는 사람에게는 평안을 주시지 않습니다. 반대로 근심과 염려, 걱정이 너무 커서 하나님의 능력의 손길이 가려진 사람들에게도 평안은 임하지 않습니다.

사도 바울은 풍랑 가운데서도 "하나님이 이 풍랑보다 크신 분입니다"라고 믿음의 고백을 했습니다. 그리고 다른 사람들에게 말합니다. "그러므로 여러분이여 안심하라 나는 내게 말씀하신 그대로 되리라고 하나님을 믿노라"(행 27:25).

하나님의 사람은 이 믿음의 고백을 통해서 세상이 알지 못하고 세상이 흔들지 못하는 하늘의 평안을 누릴 수 있어야 합니다. 또한 사도 바울처럼, 두려움과 불안 가운데 떨고 있는 사람들에게 하늘의 평강을 끼치는 존재가 되어야 합니다.

사랑은 **고백되어야** 한다

감성 기도는 이 믿음 위에 사랑의 고백이 있는 기도입니다. 결혼을 할 때도 보면, 사랑하는 마음만으로는 결혼이 안 됩니다. 사랑의 고백이 있어야 결혼까지 갈 수 있습니다. 마찬가지로 믿음 위에 고백이 있어야 합니다. 우리의 기도는 친구 되신 주님, 신랑 되신 주님께 사랑을 고백하는 것입니다.

살다 보면 불현듯이 은혜가 임할 때가 있습니다. '어떻게 나 같은 인간에게 이런 기회를 주시고, 이런 은혜를 주시는가? 내가 어떻게 이런 사랑을 받았는가?' 이런 감사가 밀려오는 것입니다.

인생에서 기회는 너무나 중요합니다. 그리고 우리 자신이 과거에 매여 있지 않고, 사람에게 매여 있지 않으면, 기회는 자주 옵니다. 그런데 이 기회가 기회로 끝나는 게 아니라 삶으로 머물러 있어야 하는데, 그러려면 고백이 필수입니다. 그래서 사랑의 고백이 중요한 것입니다.

우리가 하나님께 믿음과 사랑의 고백을 하게 될 때, 우리 삶을 끝까지 책임져 주시는 예수님의 행복을 체험하게 됩니다. 이렇듯 감성 기도는 우리의 연인 되시는 예수님의 기쁨을 함께 느끼는 기도입니다.

기도의 객관적인 터전은 하나님의 본성이다

이러한 감성 기도의 객관적인 터전은 우리의 감정이 아니라 하나님의 탁월하고 아름다운 본성입니다. 무조건 뜨겁다고 좋은 것이 아닙니다. 이 세상에서 제일 무서운 것은 '사실'입니다. 실재, 현실(reality)입니다. 느껴지는 감정이 아무리 뜨거워도 사실에 부합하지 않는다면 그것은 우리를 기만하는 것입니다. 사실을 인정하는 신앙, 이것이 굉장히 중요합니다.

감성 기도의 기초도 하나님의 탁월하고 아름다운 현실입니다. 감성 기도는 하나님의 신적인 탁월성을 노래하고 찬양하는 기도지, 우리 자신의 감정에 매몰되는 기도가 아닙니다.

신앙적 감정이란

조나단 에드워즈는 자신의 책 「신앙적 감정(*Religious Affection*)」에서 감정을 이렇게 정의합니다.

"우리의 영혼이나 의지가 생생하게 되어 다른 사람들이 보고 그냥 지나치지 못하도록, 느끼고 감지할 수 있도록 행사된 형태."

감정에 대한 정말 멋있는 정의가 아닐 수 없습니다.

사도행전 16장에는 바울과 실라가 빌립보 감옥에 갇혔을 때 하나님을 찬양하는 장면이 나옵니다. 이들이 하나님을 바라보며 찬양했을 때 영혼과 의지가 생생하게 되고, 그것이 다른 죄수들에게 충격을 주면서 감정이 나타나기 시작합니다. 앞에서도 언급했듯이 감성 기도는 감정에 매몰되는 기도가 아닙니다. 그럼에도 감정은 단순히 주관적인 것이 아니라 우리의 영혼이 무엇을 지향하는지를 가르쳐 주는 지표가 됩니다.

우리가 모두 같은 곳에 있더라도, 각자 어떤 마음을 갖고 있는지는 서로 모릅니다. 우리 영혼의 상태는 하나님만 아십니다. 우리가 보기에는 매우 신령해 보이거나 설교를 잘하는 사람이라 할지라도 하나님 앞에서 어떤 모습일지는 아무도 모릅니다. 하지만 그 영혼이 생생하게 되어서 다른 사람의 눈과 귀에, 촉각에 감지될 수 있게 나타나는 것, 그게 바로 감정이라는 것입니다.

감정도 공급에 의존한다

우리가 기쁨을 누리길 원하면 어떻게 해야 합니까? 기쁨의 근원으로부터 공급을 잘 받아야 합니다. 자기의 감정에만 신경 쓰는 사람들은 오히려 변덕스러운 감정의 노예가 되기 쉽습니다. 이와 관련하여 C. S. 루이스의 「순전한 기독교」에 나오는 좋은 글이 있어서 인용해 보겠습니다.

기쁨과 능력과 평화와 영원한 생명을 얻으려면 그것을 가진 존재에게 가까이 가야 하며, 더 나아가 그 속으로 들어가야 합니다. 이것들은 하나님이 아무한테나 나누어 주시는 상품 같은 것이 아닙니다. 실재의 중

심에서 솟구쳐 올라오는 능
력과 아름다움의 거대한 분
수입니다.

그 분수에 가까이 다가가
는 사람은 물보라에 젖을 것
이고, 다가가지 않는 사람은
여전히 메마른 상태에 머물
것입니다. 하나님과 연합한
사람이 어떻게 영원히 살지

않을 수 있겠습니까? 하나님과 분리된 사람이 어떻게 시들어 죽지 않을
수 있겠습니까?

보통 저는 학생들에게 자기소개를 시킬 때 책을 하나 정해 주고 거
기서 좋은 내용을 한두 문장 정도 함께 이야기하라고 합니다. 언젠가
어떤 학생 하나가 나와서 자기는 이 부분이 너무 좋다 그러면서 문장
을 아예 외웠습니다. 그래서 제가 칭찬을 많이 해 주었습니다.

"정말 잘했다. 이 책을 쓴 사람도 잘했지만 우리한테 외워 준 네가
더 잘한 거다."

저는 정말 그렇게 생각합니다. 밥 먹을 때도 종업원에게 더 고맙게
생각합니다. 그 사람이 날라다 줘야 제가 먹을 수 있는 것이기 때문입
니다.

이렇게 우리는 공급을 통해 많은 유익을 누립니다. 우리 인생도 지속적으로 공급받으며 유지되지 않습니까? 우리가 어제 살았다고 오늘 살아 있는 게 아닙니다. 지금 계속 호흡하고 있기 때문에 이 생명이 유지되는 것입니다. 우리가 이렇게 건강한 이유가 무엇입니까? 일주일 전에 먹은 밥으로 힘이 있는 것이 아니라 그때부터 지금까지 계속 음식을 먹었기 때문에 힘이 있는 것입니다. 이처럼 생명은 공급에 의존하여 유지되고 힘을 얻습니다. 마찬가지로 감정도 공급에 의존합니다.

하나님의 **탁월하심에 주목**해야 한다

그러므로 감성의 기도를 드리기 위해서는 우리 자신의 감정에 주목하기보다 하나님의 탁월하심과 하나님의 아름다움에 주목해야 합니다. 그래야 조나단 에드워즈가 말한 참된 성도의 자리에 설 수 있습니다.

참된 성도는 영적인 감동 안에서 그리스도의 아름다움과 매력과 복음의 영광에 대해 말하려고 벼르고 있습니다. 그리스도의 영광을 보게 된 그리스도인들은 그리스도가 정말로 추종할 가치가 있는 분임을 느끼게 됩니다. 그들은 그리스도를 위해 자기의 모든 것을 버려도 좋을 만큼 그가 귀한 분임을 압니다. 그들은 그리스도의 매력을 발견하고 철저하게 그리스도께 복종하기로 마음을 굳힙니다.

사람들로 하여금 그리스도를 추구하도록 만드는 것은 그분의 신적 탁월성 때문입니다. 그리스도의 탁월성이 그들의 마음에 어찌나 깊은 인상을 끼쳤던지, 도저히 그분을 잊을 수 없습니다. 그들은 자신을 어디로 인도하든지 그리스도를 따릅니다. 그들을 그리스도에게서 떼어내려는 어떠한 시도도 허사입니다.

반면 외식자는 자신에 대해서 생각합니다. '이 체험은 얼마나 놀라운 것인가!' '이 발견은 얼마나 위대한가!' 외식자는 그리스도의 아름다움과 온전하심의 자리에 자기의 체험을 가져다 놓습니다. 그들의 묵상 대상은 자기들의 체험입니다. 그들은 그리스도를 기뻐하는 대신 자기의 놀라운 체험을 기뻐합니다.

그들은 자기 밖에 있는 어떤 것을 바라보고 영혼을 살찌게 하는 일을 하지 않습니다. 그들은 자기의 정서에 스스로 감동받습니다. 그들의 정서는 갈수록 높아져서 결국 완전히 삼킴을 받을 정도까지 됩니다. 자기 기만과 열심이 함께 일어나기도 합니다. 외식자는 높은 정서를 나타내면서도 하나님이 맡겨 주신 일보다 자기가 발견한 것에 대해서 더 많은 말을 합니다. 그들은 자기들이 만났던 위대한 일들에 대해서 지나치게 늘어놓고 자기들이 발견한 놀라운 것들에 대해서 말합니다.

참된 성도 안에서 일어나는 은혜로운 감정은 자신의 바깥에 있는 하나님과 주 예수 그리스도 안에 그 기초를 두고 있습니다. 그러므로 자신들의 부족에 대한 발견과 자기들의 체험이 참으로 평범하다는 것을 발견하게 되면 그것이 그들의 정서를 순결하게 할지언정 결코 완전히 파멸시

키지는 않을 것입니다. 오히려 어떤 분야에서는 그 정서를 더 아름답게
하고 고양시켜 줄 것입니다."

믿음을 흔드는 모든 악한 정서까지 맡기라

감성 기도는 나의 연약함까지도 사랑해 주시는 그분을 발견하는
기도입니다. 억울함과 분노가 있을 때 슬픔과 아픔이 있을 때 하나님
앞에 나아가 자신의 약함을 토로하는 기도입니다.

하나님만이 **우리 인생을 회복**시키신다

역대하를 보면 유다의 아사 왕이 구스의 공격을 받고 스바다 골짜
기에 진 치고 하나님께 부르짖는 기도가 나옵니다. "여호와여 강한 자
와 약한 자 사이에는 주밖에 도와줄 이가 없사오니 우리 하나님 여호
와여 우리를 도우소서 우리가 주를 의지하오며 주의 이름을 의탁하옵
고 이 많은 무리를 치러 왔나이다 여호와여 주는 우리 하나님이시오
니 원컨대 사람으로 주를 이기지 못하게 하옵소서"(대하 14:11).

자신의 연약함을 토로하는 기도의 대표적인 예라 할 수 있습니다.
이렇듯 감성 기도는 사람이 아니라 하나님 앞에 통곡하는 기도입니
다. 그리고 억울함과 분노가 있을 때에도 그것을 토로하다 보면 자신
의 어리석음에서 벗어나 하나님을 바라보게 됩니다. 나를 힘들게 하

는 사람은 내 인생을 비참하게 만들 수는 있어도 우리 인생을 회복시키는 능력은 없습니다. 오직 하나님만이 우리 인생을 회복시켜 주십니다. 이것이 하나님의 전공이기도 합니다. 악을 선으로 바꿔 주시는 것입니다.

악을 선으로 바꾸시는 하나님과 대면하라

감성 기도에는 억울함의 정서를 이기는 능력이 있습니다. 〈왕의 남자〉라는 영화를 재미있게 보았습니다. 이 영화는 왕과의 친밀한 관계 속에 들어가서 한때는 기쁨을 누리다 결국은 비극적인 인생을 마감하는 광대들의 이야기를 다루고 있습니다. 연산군은 억울함의 정서를 갖고 있었습니다. 할머니 때문에 자신의 어머니가 사약을 먹고 죽은 사실을 알게 됩니다. 그래서 광대들의 연극을 한 번 볼 때마다 처절하고 피비린내 나는 숙청이 이루어집니다. 어머니의 억울함을 풀어 줘야겠다는 것입니다.

저는 이 영화를 보면서 재미도 있었지만 한 가지 느낀 게 있습니다. 한국 사람은 정말, 특히나 더 예수 믿어야 되겠다는 것입니다. 왜냐하면 한국 사람들에게는 한이 많기 때문입니다. 한, 억울함의 정서가 뿌리 깊게 박혀 있습니다. 그런데 이걸 어떻게 풀겠습니까? 복수하고 죽인다고 풀릴까요? 그런 방법은 또 다른 억울함을 낳을 뿐입니다.

이 억울함은 오직 예수님을 통해서만 풀어집니다. 왜냐하면 이 우주에서 가장 억울하신 분이 바로 예수님이기 때문입니다. 하지만 예수님은 억울해하시지 않았습니다. 이 주님과의 친밀한 교제 속에서 우리의 억울함이 눈 녹듯 녹는 것입니다.

사실 우리가 당하는 억울한 일들은 대개 우리가 씨를 잘못 뿌린 경우가 많습니다. 찬찬히 따져 보면 이전에 우리 자신이 뿌려 놓은 것을 거두는 경우가 많습니다. 요나가 괜히 풍랑을 만났습니까? 하나님께서 니느웨로 가라면 니느웨로 가야지 왜 다시스로 갑니까? 요셉도 형들을 공경할 줄 알아야지 자기가 뭐가 잘났다고 형들의 잘못을 사사건건 고자질합니까? 인간은 크든 작든 억울한 일 당하는 요인을 스스로 제공하는 경우가 많습니다.

그러나 우리 주님은 어떻습니까? 우리야 뿌려 놓은 죄 때문에 당하는 것이지만 아무런 죄도 없으신 분이 우리를 위해서 그 죄를 대신 담당하셨습니다. 자기를 배신하는 사람, 자기를 부인하는 사람에게도 괜찮다는 것입니다. 네가 지금은 모를 테니까, 일단 나의 사랑을 받으라는 것입니다. 지금은 은혜를 입으라는 것입니다. 이후에는 네가 알게 될 것이라는 것입니다. 그래서 베드로에게도 "너는 돌이킨 후에 네 형제를 굳게 하라"(눅 22:32)고 말씀해 주시는 것입니다.

우리는 이 주님과의 관계 속에서 그분의 사랑과 용서를 배우게 됩니다. 그리고 그것이 내 영혼 가운데, 내 감정 가운데 이월되고 흘러넘치게 될 줄 믿습니다.

우리가 때때로 억울한 것은 억울한 일을 당했기 때문이 아니라 그것을 이기는, 더 친밀한 관계 속에 거하지 못했기 때문에 억울한 것입니다.

사랑하는 이를 위해 애절함을 토로하는 기도는 응답된다

감성 기도를 통해 우리의 아픔이 치유되면 이제는 다른 사람의 아픔까지도 중보하는 데까지 이어지게 됩니다. 그것은 예루살렘을 향해서 "예루살렘아 예루살렘아 선지자들을 죽이고 네게 파송된 자들을 돌로 치는 자여 암탉이 그 새끼를 날개 아래 모음같이 내가 네 자녀를 모으려 한 일이 몇 번이냐?"(마 23:37)고 외치신 예수님의 기도입니다.

하나님이 소돔과 고모라를 멸하겠다고 하셨을 때, "하나님, 그 가운데 의인 50명이 있으면, 40명이 있으면, 30명이 있으면 어떻게 하시겠습니까? 열 명이 있으면 어떻게 하시겠습니까?"라고 중보했던 아브라함의 기도입니다.

"어찌하여 애굽 사람으로 이르기를 여호와가 화를 내려 그 백성을 산에서 죽이고 지면에서 진멸하려고 인도하여 내었다 하게 하려 하시나이까 주의 맹렬한 노를 그치시고 뜻을 돌이키사 주의 백성에게 이

화를 내리지 마옵소서"(출 32:12)라고 했던 모세의 기도입니다.

또한 아내의 기도이며 어머니의 기도입니다.

한번은 브라질의 상파울로에 집회가 있어서 간 적이 있습니다. 그런데 거기 사시는 분들이 이과수 폭포에 다녀오라고 여행을 보내 주었습니다. 영화 〈미션〉에 나오는 그 폭포입니다. 거기서 집사님 한 분을 만났는데, 이분은 여행사 사장으로서, 저를 직접 가이드 해 주었습니다. 그런데 이분 말씀이, 자신도 상파울로 집회에 참석하고 싶지간 비행기로 한 시간 반이 더 걸리는 거리고 일 때문에 참석할 수 없으니 집회 때 할 이야기를 같이 다니는 동안 해 달라는 것이었습니다.

여행사 사장이신 김 집사님은 저와 함께하는 첫날, 부인과 같이 나와서 자신이 살아온 삶을 간증했습니다. 사업하다가 파산한 이야기, 백혈병 걸려서 고생한 이야기, 극빈자가 되어 무료 치료 시설이 있는, 상파울로에서 800km 떨어진 곳까지 가서 고생하며 산 이야기 등등, 정말 소설 같은 이야기들을 쏟아냈습니다.

그 아내가 자신을 얼마나 극진히 섬겼는지도 말해 주었습니다. 집사님이 극빈자 무료 치료 시설에 있을 때, 석 달 동안 한시도 옆에서 떨어지지 않고 딱딱한 나무 의자에서 생활하며 남편을 간호했다고 합니다. 집에 잠시 다녀올 때 빼고는 남편 곁을 지킨 것입니다. 아내 때문에 하나님이 김 집사님을 살려 주신 것 같은 생각이 들 정도였습니다.

제가 부인 되시는 집사님께 "참 대단하십시다. 고생 많이 하셨겠네요?”라고 물었습니다. “제가 실은 애 아빠 때문에 힘들었어요” 이런 얘기를 할 법도 한데 그런 말은 한마디도 안 하셨습니다.

김 집사님은 자신은 병 가운데서 하나님을 만났다고 했습니다. 그리고는 그때 죽었어도 되는데 하나님께서 왜 나를 살려 주셔서 이렇게 은혜를 주시는지 모르겠다고 감격해했습니다. 그러니까 옆에서 듣고 있는 부인이 이렇게 말하는 것이었습니다.

“하나님이 당신을 통해서 하나님 은혜가 얼마나 큰지를 드러낼 수 있기 때문에 당신을 쓰시는 거지요.”

저는 이 말을 듣고 깜짝 놀랐습니다. 이 말은 아시시의 성 프랜시스가 자기 친구 브라더 마세오에게 한 말과 같은 것이었기 때문입니다. 브라더 마세오가 프랜시스에게 묻습니다.

“자네가 훌륭한 것은 알지만 그래도 가장 탁월한 것은 아니고, 그렇다고 학력이 대단한 것도 아니고 가장 좋은 가문도 아닌데 왜 사람들이 자네를 높이 평가하고 하나님이 자네를 쓰시는지 잘 모르겠네.”

그러자 프랜시스가 이렇게 대답했습니다.

“그것도 아직 모르는가? 전능하신 하나님이 저 하늘에서 굽어보시다가 당신의 은혜를 가장 잘 드러내기에 적합한 인간, 더 이상은 낮고 천할 수 없는 인간, 정말 하나님의 은혜로만 설명이 가능한 인간을 찾으시다가 나를 선택하신 것이네.”

책에서 읽은 이 이야기를 지구 반대편 브라질의 한 식당에서 듣게 될 줄 어떻게 알았겠습니까? 그래서 제가 매우 감동을 받았습니다.

김 집사님이 아파 누워 있을 때, 그 아내가 얼마나 많은 눈물과 통곡으로 애절한 기도를 드렸겠습니까? 감성 기도는 이렇듯 사랑하는 사람을 위하여 나의 애절함을 토로하는 기도입니다.

서로 떨어져 있는 성도들을 한자리로 모으는 것,
폭풍우에 시달린 인생의 배를 안식과 평안의 항구로 인도하는 것,
인생 위에 깃든 사망의 그림자를 몰아내는 능력의 통로가 되는 것,
인생의 밤 가운데서도 기쁨의 노래를 부르게 하는 것,
죄의 짐을 벗겨 주어 우리를 평안으로 인도하는 것,
유혹 가운데 있을 때 우리의 손에 견고한 검을 선사하는 것,
하루하루의 무거운 짐을 감당하도록 만드는 것,
하나님 나라를 확장하는 데 연약한 인간을 하나님의 동역자로 만드는 것,
외로움 가운데 영혼의 동반자가 되게 하는 것,
슬픔 가운데 있는 영혼을 위로하는 것,
오늘도 방황하는 탕자를 위해 아버지의 창가에 용서와 화해의 등잔을 밝혀 놓는 것,
우리 눈앞에 새 하늘과 새 땅을 안겨 주는 것,
연약한 죄인의 입술에서 나오지만
하늘의 천군천사와 하나님을 기쁘시게 만드는 것,
그것은 기도입니다.
- C. Macartney, "The Word That Conquers God," in *Classic Sermons on Prayer*, 1987, 9-10.)

"이러므로 서로 기도하라 의인의 간구는 역사하는 힘이 많으니라"(약 5:16).

선물보다 선물 주시는 분께 초점을 맞추라

마지막으로 감성 기도는 감사를 통해서 간구로 나아가는 기도입니다. 우리는 좋은 것을 통해서 더욱 좋은 것을 주시는 하나님께 나아가게 됩니다. 감성 기도를 통해서 우리는 좋은 분께 나아가며, 좋은 것들을 누리게 되며, 우리를 더욱 좋은 것을 받는 그릇으로 바꿔 주시는 하나님을 만나게 됩니다.

선물이 아닌, 선물 주시는 분을 바라보라

감성 기도는 하나님의 선물보다 하나님의 임재를 더욱 높이는 기도입니다. 선물을 주시는 분께 초점을 맞추는 기도입니다. 그리고 선물과 축복을 통해서 하나님과 더욱 친밀한 관계로 나아가는 기도입니다. 아버지의 마음을 헤아리며 그분 안에서 우리의 진정한 만족을 표현하는 기도입니다.

"여호와는 나의 목자시니 내가 부족함이 없으리로다"(시 23:1).

"또 여호와를 기뻐하라 저가 네 마음의 소원을 이루어 주시리로다"(시 37:4).

감사로 **간구**하라

그렇다면 감성 기도에는 간구가 들어갈 자리가 없는 것일까요? 그렇지는 않습니다. 친밀한 관계가 빠진 상태에서 지속적으로 간구만 하는 것은 하나님의 마음을 성가시게 할 수 있지만 공급하시는 하나님께 감사하고 필요한 것을 구하는 것은 그분을 더욱 기쁘게 해 드립니다.

여기 좋은 선생님이 있다고 합시다. 배우는 사람이 감사함으로 더 배우기를 구한다면 그것은 선생님을 기쁘게 하는 것입니다. 또 여기 음식을 잘해 주시는 어머니가 계십니다. 혹은 아내가 있습니다. 그들의 사랑스런 자녀 혹은 남편이 "음식이 참 맛있어요. 음식 솜씨 보통이 아니시네요. 좀 더 줄래요?" 하는 것은 아무 문제가 되지 않습니다. 그들은 얼마든지 음식을 더 주고 싶어 합니다.

저는 제가 가르치는 학생들에게도 이렇게 말하곤 합니다.

"너희의 전공 교수님께 칭찬을 많이 해 드려야 된다. 너희들 형편과 능력으로 새 교수를 채용할 수는 없을 것이고, 이미 계신 교수님을 인정해 드리는 가운데 잘 가르쳐 주시도록 만들 수밖에 없지 않겠냐? 부모님도 자꾸 칭찬해 드려야 된다. 너희 형편으로 양부모를 모시겠냐?"

우리에게는 이 능력이 있어야 됩니다. 우리가 얼마나 자주 이직을 하겠으며, 얼마나 더 재혼을 하겠습니까? 어떻게 또 새로운 아이를 낳겠습니까? 이미 있는 사람을 좋게 만들어서 쓸 수밖에 없습니다.

그 방법 가운데 하나를 우리가 하나님 앞에서도 써야 되는 것입니다.

저는 학생들한테 종종 이런 말을 해줍니다.

"질문을 하거라. 그런데 '선생님, 이게 도대체 뭡니까?' 이렇게 묻지 말고 전 시간에 배운 내용을 잘 보고, '선생님, 이 부분을 가르쳐 주셔서 도움이 많이 되었습니다. 그런데 저 부분은 어떻게 되나요?' 이런 식으로 질문을 해라. 그러면 굉장히 인상적인 학생이 될 것이다. 추천서를 받으러 가도 그냥 가서는 안 된다. 선생님이 쓰신 책이라도 한 권 읽어 보고 가서 대화를 하다가 '무슨 무슨 책에서 읽었는데요, 이 부분이 제게는 굉장히 도움이 많이 되었습니다' 하고 말씀을 드리고 추천서를 부탁하면 추천서 내용이 달라질 것이다."

감사로 '더욱'의 축복을 누리라

하나님께도 역시 마찬가지입니다. 무작정 간구만 하는 것이 아니라 이미 받은 것을 감사하고, 더욱 좋은 것을 구하는 것이 하나님의 마음을 고려하는 기도입니다. 그러므로 다짜고짜 "하나님, 이것 해 주세요” 하지 마시고, 먼저 “하나님, 지금까지도 은혜 많이 베풀어 주시고 복 주셔서 감사합니다. 그런데 제가 받고 보니까 더 받고 싶습니다” 이런 식으로 기도해 보십시오.

앞에서 제가 하나님의 전공이 악을 선으로 바꿔 주시는 것이라고 했는데 하나님의 전공이 또 있습니다. 그것은 이미 받은 복을 더욱 좋은 복을 받는 그릇으로 만들어 주시는 것입니다. 이것이 안 되면 어떻게 됩니까? 좋다가 나빠지는 모양새가 됩니다.

어떻게 보면 하나님 앞의 모든 범죄는 배은망덕의 성격을 갖고 있습니다. 이 말이 무슨 뜻이냐면 우리가 죄 지을 때 사용하는 모든 것은 바로 그 직전까지 받았던 복들이라는 것입니다.

폭력을 행사하려면 병원에 누워 있어서는 안 됩니다. 건강해야 합니다. 오순도순 잘 살던 부부가 돈이 생기면 남편이 이상한 짓을 하게 됩니다. 이게 왜 그렇습니까? 돈이 없었으면 안 생겼을 일인데 돈이 생기니까 딴 생각을 하는 것입니다. 고등학교 때까지 신앙생활 잘하던 젊은이들이 대학 들어가서 성경이 맞느니 틀리니 하며 돌아서기도 합니다.

이처럼 하나님 앞에 죄 지을 때 사용하는 것은 악의만이 아닙니다. 반드시 선한 재료를 요청합니다. 다시 말해, 오늘 내가 받는 축복이 방탕이나 범죄의 계기가 될 수 있다는 것입니다. 하지만 우리가 하나님 앞에 나아가면 이미 받은 복을 통해 더욱 좋은 복을 받게 됩니다.

그래서 찬송가 가사처럼 “날로 더욱 귀하다. 날로 더욱 귀하다. 한

이 없이 넓은 우리 주의 사랑 날로 더욱 귀하다”고 고백할 수 있는 것입니다. 하나님 앞에 나아가는 사람에게는 이 ‘더욱’의 복을 주십니다. 좋은 것을 감사하게 될 때 더욱 좋은 것을 받는 그릇이 되고 그것이 최선의 선물을 받는 통로가 되는 것입니다.

"기도는 우리의 **첫 번째 관심사**여야 합니다."

기도는 여러 면에서 그리스도인의 생활을 판단하는 기준이 됩니다. 기도하려면 우리는 하나님 앞에서 손을 깨끗이 비우고 자신을 그대로 드러내야 합니다. 그리고 자신과 다른 사람들에게 하나님 없이는 아무것도 할 수 없다고 선포해야 합니다.

이는 흔히 "최선을 다하라. 그러면 나머지는 하나님께서 책임지실 것이다"라고 조언하는 환경에서는 시행하기 어려운 일입니다. 삶을 '우리가 최선을 다할 부분'과 '하나님이 책임지실 부분'으로 나누는 것은, 기도를 우리의 자원이 모두 바닥났을 때에야 비로소 의지하는 마지막 수단으로 만듭니다.

주님의 제자가 된다는 것은 우리가 스스로 더는 어떻게 해볼 수 없을 때 하나님을 이용한다는 의미가 아닙니다. 오히려 그 반대로, 우리는 아무것도 할 수 없고 오직 하나님이 우리를 통해 모든 것을 하실 수 있다고 인정하는 것을 뜻합니다.

우리가 주님의 제자라고 할 때는 우리의 힘, 소망, 용기, 확신 가운데 한두 가지만을 하나님에게서 찾는 것이 아니라 그 전부를 찾는 것입니다. 그러므로 우리에게 기도는 첫 번째 관심사가 되어야 합니다. - 헨리 나우웬

3. 주님과 동거함으로
　　새로운 삶을 누리라

기도는 하나님의 은혜를 우리 안에 머물게 하는 능력입니다.
우리 삶에 하나님의 은혜가 머물 때 새로운 삶이 열립니다.

하나님은 좋은 것 주기를 원하신다

결론적으로 기도를 통해 하나님 앞에 나아가게 될 때 아름답고 새로운 삶이 우리 안에 거주하게 됩니다. 사람들은 새 것을 바라지 않습니다. 사람들이 진정으로 추구하는 것은 좋은 것입니다. 늘 새 것을 좋아하다 보면 피곤하고 지치며 변화에 대해 오히려 무뎌집니다. 사람들은 분쟁 가운데 새로운 말로써 서로에게 상처를 입힙니다. 그러나 상대방은 새로운 표현들을 오히려 지겹게 생각합니다.

반면 20년, 30년 된 우정이라 할지라도 상대방을 인정해 주고 기뻐해 주고 좋아해 주고 칭찬해 준다면 늘 처음 만난 사람같이 새롭고 좋은 것입니다. 인생도 역시 마찬가지입니다. 서로에게 좋은 것을 베풀어 줄 때 우리는 그 관계 속에서 새로움을 체험하게 됩니다.

요즘에 저는 '좋다'라는 말이 그렇게 좋을 수가 없습니다. 최선, The best, 탁월함, 이런 것들을 구성하는 기본 단위가 '좋은 것'이 아닌가 합니다. 학생 때를 돌아보면, 무조건 열심히 공부했을 때 성적이 좋은 것이 아니라, 선생님의 모든 면이 다 좋게 보였을 때 제일 공부가 잘되고 그에 맞춰 성적도 좋아지지 않았습니까?

내가 가장 많이 변화되었을 때도 고행하며 애썼을 때가 아니었습니다. 내 삶에 찾아오는 모든 자극들이 좋게 여겨졌을 때입니다. 옛날에는 다 그냥 지나친 사소한 것들이 너무나 좋고 아름답게 보일 때, 심지어 나를 힘들게 하는 사람들의 자극도 좋게 해석이 될 때가 제일 변화가 잘 되었던 것 같습니다.

그렇게 생각한다면 우리가 새해, 새날, 새 삶을 사는 길은 어디 있을까요? 우리를 가장 좋은 것으로 채워 주시고 좋은 것으로 맡겨 주시는 분을 대면하고 영접하고 교제하게 될 때, 우리의 삶에 가장 좋은 것들이 공급될 것입니다. 그리고 그분께 더 가까이 나아가 친밀한 교제를 누릴 때 우리에게 주시는 좋은 것들이 일시적인

> 우리를 가장 좋은 것으로 채워 주시고 좋은 것으로 맡겨 주시는 분을 대면하고 영접하고 교제하게 될 때, 우리 삶에 가장 좋은 것들이 공급될 것입니다.
> 그리고 그분께 더 가까이 나아가 친밀한 교제를 누릴 때 우리에게 주시는 좋은 것들이 일시적인 방문이 아니라 지속적인 거주가 될 것이다.

방문이 아니라 지속적인 거주가 될 것입니다.

기도는 하나님의 은혜를 머물게 하는 능력이다

기도는 하나님의 은혜로 하여금 우리 안에 머물게 하는 능력을 갖고 있습니다. 내게 좋은 것을 맡겨 주시는 하나님을 만나서 친밀한 관계 속에 거할 때, 우리에게 새로운 삶이 열리게 됩니다. 감성 기도는 그런 삶을 가능하게 합니다.

"감성 기도는 이미 하나인 하나님과 우리의 영혼이 더욱 하나가 되어서 옆 사람이 감지할 수 있을 정도로 그것을 드러내는 여행 중의 기도입니다."

해바라기 연가

내 생애가 한 번뿐이듯

나의 사랑도

하나입니다.

나의 임금이여

폭포처럼 쏟아져 오는 그리움에 목메어

죽을 것만 같은 열병을 앓습니다.

당신 아닌 누구도
치유할 수 없는
내 불치의 병은 사랑

이 가슴 안에서
올올이 뽑은 고운 실로
당신의 비단 옷을 짜겠습니다.

빛나는 얼굴 눈부시어
고개 숙이면
속으로 타고 익은 까만 꽃씨
당신께 바치는 나의 언어들

이미 하나인 우리가
더욱 하나가 될 날을
확인하고 싶습니다.

나의 임금이여
드릴 것은 상처뿐이어도
어둠에 숨지지 않고
섬겨 살기 원이옵니다.
− 이해인

기도는 하나님과의 친밀한 교제다

감성 기도는 우리 마음으로 드리는 기도입니다.

우리는 감성 기도를 통해 하나님과 친밀한 교제를 누립니다. 뭔가를 구하며 간구하는 것이 아니라 주님의 크신 품에 안겨 그분을 경험하는 것입니다. 주님의 팔에 안길 때 우리는 친밀함을 느낍니다. 그리고 참 행복을 경험하게 됩니다.

참 행복은 뭔가를 얻거나 이루었다고 얻어지는 것이 아닙니다. 주님과 친밀한 교제 속에 있을 때 참 행복을 경험합니다.

감성 기도의 객관적인 터전은 우리의 감정이 아니라 하나님의 본성입니다. 그분의 탁월하심과 그분의 아름다움에 우리가 누리는 기쁨의 근거가 있습니다.

감성 기도는 나의 연약함까지도 토로하며 나아가는 기도입니다. 무고하게 고통당하신 주님 앞에 우리의 모든 억울함과 분노, 연약함을 내려놓는 것입니다.

감사함으로 주님 앞에 나아갈 때 우리는 더욱 좋은 것을 허락하시는 그분을 경험하게 됩니다. 우리에게 가장 좋은 것으로 채워 주시고 더욱 좋은 것을 맡겨 주시는 분과 대면하고 교제하게 될 때 우리의 삶은 날마다 새로워질 것입니다.

::3

어떤 사람의 마음속에 성령이 거하시게 되면,
그 사람은 기도를 멈출 수 없다. -아이작

지성 기도　　　　전 병 욱

하나님 뜻과 내 뜻이 하나가 된다

1. 기도는 듣는 것이 먼저다

진정한 기도는 하나님께 설득당하는 것입니다.
이렇게 설득당하는 사람이 다른 사람도 설득할 수 있습니다.

요즘 '지성'이 화두가 되고 있습니다. 박지성도 유명하고, 박지성이 뛰는 축구를 보며 재미있어 하는 사람들도 많은 것 같습니다. 신앙에 있어서도 마찬가지고 기도에 있어서도 지성이 참 중요합니다.

설득력은 가치관과 삶을 바꾼다

한 5~6년 전에 "설교는 과연 무엇인가?"라는 문제로 고민을 많이 했습니다. 신학교에 다닐 때는 "설교는 케리그마(kerygma), 즉 말씀의 선포다"라고 배웠습니다.

그런데 막상 현장에 나와서 제가 주로 접하는 젊은이들에게 설교를 해 보니 선포만으로는 안 되겠다는 생각이 들었습니다. 소리 지르는 설교를 하면 대부분의 젊은이들은 "제일 무식한 설교" 이렇게 반응을 보입니다.

물론 설교는 말씀의 '선포'입니다. 분명히 말씀은 선포되어야 할 진리입니다. 하지만 또 다른 측면도 무시할 수 없는데 바로 '설득(persuasion)'입니다. 그래서 설교는 먼저 설교자를 설득할 수 있어야 합니다. 그래야 회중들도 설득이 됩니다.

강단에서 설교하면서 그런 점을 절실히 느끼다 보니 자연히 책을 많이 읽고 생각을 많이 하게 됩니다. 그래야 설득력이 조금이라도 더 생기기 때문입니다.

어떤 때는 설교를 하기 싫을 때도 있습니다. 설득이 안 되기 때문입니다. 그런데 설득력 있는 메시지만 있으면 그것이 10분이 되었든 30분이 되었든 회중들이 듣습니다. 그것이 정말 맞는 것 같습니다. 사람들은 설득력이 있어야 듣습니다. 특히 젊은이들은 부연 설명을 오래 한다고 듣는 게 아니고, 설득력 있는 논지만 있으면 됩니다. 그것만 있으면 생각이 바뀌고 가치관이 바뀌고 삶이 완전히 달라집니다.

하나님께 설득당하는 것이 기도다

기도도 마찬가지입니다. 기도할 때 우리는 하나님으로부터 설득을 당할 줄 알아야 합니다. 그리고 이렇게 설득당하는 사람이 다른 사람도 잘 설득할 수 있습니다.

고집불통인 사람은 자기 자신도 설득이 안 될 뿐 아니라 다른 사람도 설득할 수 없습니다. 자기 스타일로 이야기하기 때문입니다. 그래서 대개는 다른 사람의 이야기를 잘 듣는 사람이 다른 사람을 설득하는 것도 잘합니다.

우리가 기도에 대해서 배울 때 이런 말을 많이 듣습니다.

"기도는 하나님께 아뢰는 게 아니라 하나님의 말씀을 듣는 것이다."

저는 이것이 정확하게 맞는 이야기라고 생각합니다. 하나님의 말씀을 듣는 것이 기도입니다.

성경을 읽다 보면 말씀의 기준과 자신의 삶이 서로 충돌하지 않습니까? 그럴 때, 틀리면 내가 틀린 거지 하나님 말씀이 틀릴 리는 없습니다. 그러므로 말씀을 읽다가 내가 말씀과

아버지의 뜻, 즉 말씀을 받아들이고 나를 변화시키는 것, 그것이 기도입니다. 따라서 기도를 많이 하면 할수록 사람이 변화되는 것이 정상입니다.

하나님의 말씀을 들을 줄 알고, 성경 말씀을 살필 줄 아는 것, 그것이 지성적 기도의 대표적인 모습입니다.

충돌할 때는 아버지의 뜻을 받아들여야 합니다. 아버지의 뜻, 즉 말씀을 받아들이고 나를 변화시키는 것, 그것이 기도입니다.

따라서 기도를 많이 하면 할수록 사람이 변화되는 것이 정상입니다. 하나님의 말씀을 들을 줄 알고, 성경 말씀을 살필 줄 아는 것, 그것이 지성적인 기도의 대표적인 모습입니다.

2. 기도는 하나님 뜻에 내 뜻을 맞추는 것이다

기도는 내 뜻을 하나님께 관철시키는 것이 절대 아닙니다.
오히려 하나님의 말씀대로 우리 자신이 변화를 받는 것입니다.

기도는 내 요구를 관철시키는 수단이 아니다

변화의 대상은 나 자신이다

이런 이야기가 있습니다. 지어낸 이야기 같은데, 기도의 목적에 대해 생각하게 하는 유머입니다. 어떤 어린이가 방에서 간절히 기도하더랍니다. 엄마가 들어 보니, "하나님, 미국의 수도가 워싱턴에서 뉴욕으로 바뀌게 해 주세요"라고 기도하고 있는 것입니다. 아이 엄다가 가만히 생각해 보니, 그 기도가 범상치 않은 기도입니다. 아주 거창했던 것입니다.

그래서 감격하며 사과를 깎아서 간식으로 갖다 주었답니다. 그러고는 뿌듯한 마음에 아이에게 슬쩍 물었습니다.

"내가 네 기도를 들으려고 들은 것은 아닌데… 너무 큰 소리로 기도해서 들리더라. 그런데 도대체 무슨 마음을 먹고 미국의 수도를 옮겨 달라고 기도하니? 네가 미국 대통령도 아니고?"

그랬더니 아이가 사과를 먹으면서 하는 말이 이랬습니다.

"사실은 이번에 사회 시험을 봤는데요, 제가 미국 수도가 뉴욕인 줄 알고 뉴욕이라고 썼거든요."

참 어이없이 웃기면서도 공감이 되는 이야기입니다. 우리는 대개 기도를 이런 식으로 생각합니다. 자신의 요구 사항을 관철시키는 수단의 하나로 생각하는 것입니다. 그러나 기도는 우리의 요구를 관철시키는 수단이 아닙니다. 그런 마음으로 기도하면 안 됩니다.

그리고 이 아이가 직면한 것과 같은 문제는 기도할 문제가 아니고 공부를 더 해야 하는 문제입니다. 가끔 보면 아무것이나 기도하는 사람이 있습니다. 유부남을 좋아하면서 기도하면 되냐고 묻기도 합니다. 된다면, 그 부인이 사라지게 해 달라고 기도할 것입니까? 정말 큰일 날 소리죠. 이 경우, 유부남을 좋아하는 자신의 마음이 변화되어야 하는 것입니다.

기도는 우리 인간의 뜻을 하나님께 관철시키는 것이 절대로 아닙니다. 오히려 하나님의 말씀대로 우리 자신이 변화를 받는 것입니다. 이것이 지성적인 기도입니다. 기도를 통해서 우리의 성품이 주님의 성품으로 바뀌는 것입니다.

설득당할 때는 설득당하라

앞에서 언급했듯이, 설교는 선포이자 설득이라고 했습니다. 제가 목사다 보니, 이 설득의 설교를 10년 넘게, 그것도 한 달에 80번 이상 하고 있습니다. 그러니 설득력이 얼마나 강해지겠습니까? '어떻게 하면 잘 설득할 수 있을까, 어떤 식으로 설득할까?' 밥 먹고 매일 밤낮으로 그것만 연구하니 설득력이 강해질 수밖에 없습니다.

그러다 보니까 마흔 살이 넘어가면서부터 제 인성이 깨지는 소리가 들려오기 시작했습니다. 그리고 조금씩 걱정이 되었습니다. 제 모습을 보니 완전히 고집불통에 남 이야기는 들으려 하지 않고 자기 독선에만 빠져 있는 것입니다. 내가 무조건 정답인지 알고 살아가고 있는 것이었습니다.

'옛날에는 이러지 않았는데 왜 이렇게 되어 버렸나?' 알고 봤더니 제가 매일 밥 먹고 설득만 하고 있는 것입니다. 얼마나 설득력이 강한지 제 처도 설득해 버립니다. "음식 이렇게 만들면 안 되는 거야" 하면서. 그런데 아내가 저한테 설득을 당하고 음식을 만들면 꼭 못 먹을 음식이 나옵니다.

우리 교회 지휘자들도 제가 막 설득을 합니다. 그래서 제 말대로 뭔가를 바꾸면 꼭 성가대가 엉망이 되어 버립니다. 잘 알지도 못하면서 설득력만 강해서 아무나 막 설득하려고 하는 것입니다. 또 그렇게 설득을 하면 상대방이 설득이 됩니다. 그러니까 이것이 아주 무서운 것입니다.

그래서 제가 이런 생각을 했습니다. '나는 하나님 말씀이나 목회 쪽에 있어서, 하나님을 대변한다는 의미에서 성도들을 설득하는 것이다. 내가 모르는 분야에 있어서는 내가 설득당해야 되겠다.' 그리고 결심을 했습니다. '일주일 동안 적어도 매일 한 가지씩은 중요한 사안에 대해서 설득당하자.'

이렇게 마음을 먹고 나니까 훨씬 더 발전이 있는 것 같았습니다. "사람이 좀 인간이 되어 간다", "따뜻해진 것 같다", "인간 냄새가 나는 것 같다" 그런 말들이 여기저기서 들려옵니다. 이렇게, 설득하는 것도 좋지만 설득을 당하는 것도 아주 중요합니다.

지성 기도는 아버지의 뜻이 이뤄지길 구하는 기도다

대가에게 설득되면 **최선의 선택**을 할 수 있다

저는 보기보다 아주 보수적인 편입니다. 무언가 바뀌는 것을 별로 좋아하지 않습니다. 음식점도 갔던 데만 계속 가고 양복을 입어도 단추 두 개짜리만 매일 입습니다. 완전히 고전적인 스타일입니다. 그래도 제 딴에는 새 옷도 사 입고 변화를 주는데 성도들은 누구 하나 제가 옷을 갈아입었다고 생각하지 않습니다. 늘 검은색 아니면 청색 아니면 회색 그런 것밖에 없으니까요.

그래서 '도저히 이대로는 안 되겠다'는 생각이 들어서 제 눈을 포기하기로 했습니다. 그리고 유명한 의류 회사에 다니는 디자이너 자매에게 조언을 구했습니다. 패션 분야에서는 그래도 감각이 뛰어날 테니까요.

"난 나의 눈을 믿지 않기로 했다. 너한테 모든 것을 다 위임할 테니까, 네가 한 번 골라 줘 봐라."

자매는 가장 먼저 단추 세 개짜리도 아닌 네 개짜리를 사 입으라고 했습니다. 그 다음에는 스트라이프, 또 와이셔츠도 스티치 들어간 것을 추천해 주었습니다. 그래서 그 자매가 추천해 준 스타일의 옷을 입기 시작했습니다. 그랬더니 성도들의 반응이 달라졌습니다. "요즘 목사님 스타일이 바뀌셨네요." "목사님, 세련돼 보여요." "드디어 서울물 좀 드신 것 같아요." 이런 말들을 해 주는 것이었습니다.

저는 디자이너 자매가 추천해 줄 때만 해도 "그렇게 어지럽고 요상하게 보이는 걸 어떻게 입고 다니느냐?" 하며 탐탁지 않아 하고 입기를 주저했습니다. 그러나 제 생각을 포기하고 전문가의 말에 설득을 당하니까 훨씬 나은 모양새가 된다는 걸 깨달았습니다.

그 후 태도와 매너에 대해 관심을 갖고 우리 교회에 다니는 승무원 자매들에게 물어봤습니다. "어떤 태도가 좋으냐? 이런 경우 어떻게 하는 것이 좋은 매너냐?" 이 부분도 배우면서 제 자신이 설득당합니다.

　MP3 같은 것도 이전엔 제가 좋아하는 것만 썼는데 이제는 그 분야의 전문가에게 물어봅니다. 그러면 자세하게 설명해 주며 가장 적합한 것을 추천해 줍니다. 그래서 써 보면 정말 편하고 좋습니다. 지금 사용하고 있는 노트북도 제가 고른 것이 아닙니다. 컴퓨터를 잘하는 사람이 제가 해외를 자주 다니며 비행기에서 노트북을 많이 사용하니까 배터리 성능이 좋은 것, 그리고 가벼운 것, 이런 것을 추천해 주었습니다. 역시 사용하기에 좋습니다.

　이렇게 저는 최선의 선택을 하고 살아갑니다. 왜입니까? 다른 사람들로부터 설득을 당하기 때문입니다. 대가들의 설득을 당하니까 제 자신의 편협함에서 벗어나게 되는 것입니다. 그러다 보니 주변에 사람들이 점점 더 많이 모여듭니다. 왜냐하면 설득, 이것이 참 재미있는 일이니까 그렇습니다. 자기의 설득이 먹힌다는 것이 얼마나 기분 좋은 일입니까? 그러니 밤낮 저를 변화시키려고 달려드는 겁니다.

　그런데 저를 비롯한 대부분의 사람들은 웬만해서는 변화가 잘 안 됩니다. 모든 사람들 안에는 상대방이 설득한다고 무조건 설득당하는 게 아니라, 설득당하지 않으려는 저항이 있기 때문입니다. 하지만 설득의 논지(argument)가 명확하면 설득당해 주는 것입니다. 논리 싸움인 것입니다. 그게 바로 지성입니다.

설교와 기도는 두 논지의 대결이다

설교도 마찬가지라고 생각합니다. 우리 교회의 경우 젊은 성도들이 많은데, 그 청년들 앉혀 놓고 하는 설교는 대개 논리 싸움입니다. "너희들이 갖고 있는 논지가 이건데 하나님의 말씀은 이렇다. 이 논지가 맞지 않니?" 이것입니다. "너희들이 이제까지 자신의 신앙관과 태도를 가지고 살아왔는데 잘 살았느냐? 그 결과가 이 모양 아니냐? 그럼 너희가 바뀌기 원한다면 사는 게 바뀌어야 되지 않겠느냐?" 이렇게 새로운 논지를 제공해 주면 사람들이 끄덕끄덕하면서 변화됩니다.

기도도 역시 마찬가지입니다. 기도를 오래하는 것도 좋지만 기도를 오래 하면 할수록 하나님의 말씀을 읽으면서 해야 합니다. 그러면서 내가 설득되는 것입니다. 그래서 처음에는 "할 수만 있으면 이 잔을 내게서 옮기시옵소서" 하다가 기도가 깊어지면 예수님의 기도가 나옵니다. "그러나 내 뜻대로 마옵시고 아버지의 뜻대로 되기를 원합니다."

지성적인 기도라는 것은 다른 게 아닙니다. 하나님 말씀을 기준으로 그 기준에 맞지 않는 나의 삶이 변화받는 기도입니다. 저는 그것이 정답이라고 생각합니다.

그런 의미에서 지성적인 기도는, 기도할 때 "거룩하시고 은혜로우시고" 이런 것 갖다 붙인다고 되는 게 아닙니다. 지성적 기도라 함은 한마디로 말해서 "하나님의 말씀대로 하는 기도"입니다. 말씀으로 돌아가는 기도라는 것입니다. 좀 더 부연 설명을 한다면, 하나님 말씀을 들으면서 설득당하는 기도입니다.

저는 교인들에게 기도할 때 그냥 하지 말고 말씀 듣고 하라고 합니다. 그래서 그런지 우리 교회의 경우, 성도들이 새벽 기도회에 많이 나옵니다. 먼저 말씀을 듣고 기도해야 하니까요. 그래야 하나님의 말씀에 설득당하는 기도를 할 수 있습니다.

"저는 이런 생각을 갖고 왔는데 하나님은 다르게 말씀하시는군요. 이제 제가 하나님의 말씀 앞에 굴복합니다."

바로 이것이 지성적인 기도입니다.

예수님은 항상 하나님의 말씀에 의해서, 하나님의 뜻에 의해서 움직이셨던 분입니다. 예수님이 가르쳐 주신 기도문을 보십시오. 주기도문의 기둥 같은 메시지가 무엇입니까? "나라이 임하옵시며 뜻이 하늘에서 이룬 것같이 땅에서도 이루어지이다." 그 핵심은 바로 아버지의 뜻입니다. "뜻이 하늘에서 이루어졌습니다. 땅에서도 이루어지기를 원합니다." 이것이 핵심입니다.

예수님의 산상수훈도 아버지의 뜻에 대해 말하고 있습니다. "나더러 주여 주여 하는 자마다 천국에 다 들어갈 것이 아니요." 그 다음에

뭐라 그러시죠? "하늘에 계신 내 아버지의 뜻대로 행하는 자라야 들어가리라"(마 7:21). 그리고 교만한 도시들, 고라신과 벳새다와 가버나움을 책망하시며 "천지의 주재이신 아버지여 이것을 지혜롭고 슬기 있는 자들에게는 숨기시고 어린아이들에게는 나타내심을 감사하나이다"(마 11:25)라고 말씀하신 후 그 근거를 이렇게 말씀하십니다. "옳소이다 이렇게 된 것이 아버지의 뜻이니이다"(마 11:26).

이렇듯 예수님의 모든 기준은 아버지의 뜻이었습니다. 십자가를 지시기 전 겟세마네 동산에서 기도하실 때도 "만일 아버지의 뜻이어든 이 잔을 내게서 옮기시옵소서 그러나 내 원대로 마옵시고 아버지의 원대로 되기를 원하나이다"(눅 22:42)라고 하셨습니다. 예수님은 아버지의 뜻을 중심으로 사셨고 아버지의 뜻대로 생각하셨습니다. 그분의 기도 또한 아버지의 뜻을 구하고 순종하는 것이었습니다.

아버지의 뜻이 있어야 좋은 교회다

흔히들 '좋은 교회', '나쁜 교회' 하며 이야기를 많이 하는데, 좋은 교회란 어떤 교회입니까? 건물이 좋아야 합니까, 주차장이 넓어야 합니까? 물론 그런 건 기준이 될 수 없을 것입니다. 어떤 사람들은 "세상에 좋은 교회가 어디 있냐? 다 똑같은 교회지"라고 말합니다. 왜 좋은 교회가 없겠습니까? 모든 교회가 다 같은 것은 아닙니다.

하나님 아버지의 뜻을 선포하고, 아버지의 뜻대로 순종하는 교회가 좋은 교회입니다. 설교할 때 아버지의 뜻이 선포되고, 기도할 때

성도들이 아버지의 뜻에 따라 기도하고, 살아갈 때 아버지의 뜻대로 순종하는 교회가 좋은 교회입니다.

어떤 교회를 보면, 오래 묵은 사람의 뜻대로 순종하는 교회가 있습니다. 오래 묵은 사람이 다 이끌어 갑니다. 또 어떤 교회는 돈 있는 사람이 이끌어갑니다. 그렇게 되면 금권이 좌지우지하는 교회가 되고 맙니다. 그런 곳은 좋은 교회라 할 수 없습니다. 혹은 권력 있는 사람이 이끌어가는 교회도 있고, 하다못해 성가대가 지배하는 교회도 있습니다. 모두 나쁜 교회들의 전형이라 할 수 있습니다. 진짜 좋은 교회는 어떤 교회입니까? 아버지의 뜻이 선포되고 아버지의 뜻대로 움직이는 교회가 제일 좋은 교회입니다.

저는 여기저기 많이 다니면서 설교를 하다 보니까 비교적 다양한 교회의 다양한 분위기를 자주 접하는 편입니다. 그래서 어느 교회가 좋은 교회인지 아닌지 감이 올 때가 많습니다. 이 교회도 가 보고 저 교회도 가 보면, 찬양 인도하는 분이 자신이 준비한 것만 하려고 하는 교회가 있는 반면, 찬양 한 곡 부르는 데도 아버지의 뜻에 예민한 교회가 있습니다. 그래서 인위적으로 이끌어가지 않고 기도가 필요하면 기도하고, 회개가 필요하면 회개하고, 찬양이 필요하면 찬양합니다. 겸손하게 아버지의 뜻을 따르는 것입니다. 그래서 수동적입니다. 주님이 이끄시는 대로 따라가겠다는 것입니다.

좋은 교회를 가 보면, 대표 기도를 할 때도 써 가지고 온 거 읽는 것이 아니라 그저 '아버지의 뜻이 무엇입니까' 하는 태도로 묻는 기도를 합니다. 또 목사님이 설교하실 때도 창세기부터 요한계시록까지 성경을 통해 아버지의 뜻이 무엇인지 전달해 줍니다. 그러면 성도들이 예배 끝나고 나갈 때는 아버지의 뜻에 순종하기로 다짐하고 나가는 것입니다.

이렇게 아버지의 뜻이 이끌어 나가는 교회가 제일 좋은 교회입니다. 그런데 실제로 보면 좋은 교회가 많지 않습니다. 대개 '기도' 그러면 자기의 뜻을 관철하는 게 기도인 줄 알고, "주여!" 삼창하고 그때부터 자기 뜻을 외치기 시작합니다. 정말 심각한 문제가 아닐 수 없습니다.

기도의 출발은 지성이다

결국 기도란, 영성이니 감성이니 이런 것을 따지기 전에 아버지의 뜻이 있어야 합니다. 아버지 뜻이랑 관계없는 영성, 그것은 다른 종교나 인도 영성 같은 것과 다를 것이 없습니다.

감정도 마찬가지입니다. 아버지의 뜻과 상관없는 감성의 기도는 혼자 열 받아서 날뛰는 것밖에 되지 않습니다. 열왕기상 18장을 보십시오. 바알과 아세라의 선지자들이 자기들의 신을 부르며 흥분하여 칼로 자기 몸을 긋고 난리를 부리지 않습니까? 하나님의 뜻을 모르는 기도, 하나님의 뜻과 상관없이 드리는 기도, 하나님 뜻을 구하지 않는 기도는 이런 모습이 될 수 있습니다.

그러므로 기도의 출발은 지성입니다. 아버지 뜻과 관계없는 기도는 점잖게 앉아서 하든, 바알의 선지자들처럼 난리를 치면서 하든 아무런 의미가 없습니다. 하나님의 뜻을 아는 지성에서 시작해서 감성과 영성으로 연결이 되어야 합니다. 그래서 이렇게 세 가지 측면에서 기도를 바라보는 것입니다.

말씀 안에서 뜻을 세운 인생은 견고하다

어디에 **인생의 기초**를 둘 것인가

참 안타까운 것은, 많은 그리스도인들이 기도할 때 아버지의 뜻과 관계없는 기도를 정말 많이 한다는 것입니다. 아버지의 뜻이 있어야 기도도 되고, 사람도 되고, 흔들림이 없습니다. 누군가가 기도를 시작하거나 인생을 살아감에 있어서 아버지의 뜻이 명확하게 세워지면 그 사람은 예측이 가능합니다. 뜻을 세운 인생이 되는 것입니다.

다니엘도 뜻을 세운 사람이었습니다. "다니엘은 뜻을 정하여 왕의 진미와 그의 마시는 포도주로 자기를 더럽히지 아니하리라 하고"(단 1:8). 이렇듯 뜻을 세운 사람들은 신앙에 있어서 이상한 데로 빠질 가

능성이 거의 없습니다. 그들의 기도를 들어 보면 '역시나' 하는 생각
이 듭니다.

그러나 지성이 바탕이 되지 않으면 괜히 시간만 채우는 기도를 하
게 되고 하나님의 뜻과 전혀 상관없는 황당한 기도를 합니다. 자기의
요구를 관철시키려 들고, 믿음 없이 떼만 쓰는 억지를 부리게 되는 것
입니다.

아버지의 뜻이 세워지면 기도도 제대로 하게 되고 행동이나 말에
있어서도 곁길로 빠지게 될 위험이 거의 없습니다. 항상 하나님 말씀
과 아버지의 뜻에 따라 자신을 조절하기 때문입니다. 또한 이런 사람
은 시험이 와도 잘 넘어지지 않습니다.

아버지의 뜻을 아는 신앙은 미혹되지 않는다

제가 사역하는 교회에는 초교파적으로 전국에서 여러 교단의 사람
들이 다 모입니다. 그중에서 전통적인 장로교 교인들은 좀 미지근한
편입니다. 기도를 해도 기도하는 소리가 들리지 않습니다. 그들이 기
도하는 모습을 보노라면 '저게 뭐하는 거지?' 하는 생각까지 듭니다.

그런데 이런 장로교인들에게는 큰 장점이 있습니다. 교회에 위기
가 오고 시험이 와도 웬만해서는 넘어지지 않는다는 것입니다. 요즘
에 대학가에 이단들이 얼마나 많습니까? 그들이 와서 이런 저런 말로
유혹해도 이들은 넘어가지 않습니다. 미지근한 것 같은데도 넘어지
지 않는 것입니다. 왜냐하면 어렸을 때부터 장로교 특유의 신앙 교육

으로 하나님 아버지의 뜻이 가슴에 새겨졌기 때문입니다.

저도 사실은 뜨거운 사람은 아니었습니다. 우리 할아버지가 순교 자시고 아버지도 장로님인데, 저는 고등학교 때까지 그렇게 열정적으로 기도해 본 적이 별로 없습니다. 그래도 어렸을 때부터 배운 것은 많았던 것 같습니다. 소요리 문답을 다 외우고, 박현경 신학전집 7권도 외우고, 매일같이 가정 예배를 드리면서 말씀을 보고 살았습니다. 그래서 뜨거움은 없었지만 뭔가 기준은 있었던 것 같습니다. 하나님 아버지의 뜻이 뭔지는 알고 있었던 것입니다.

그런데 이제 보니 그게 복이었습니다. 오히려 그렇게 출발하니 훨씬 나았습니다. 탄탄한 지성이 바탕이 되니까 감성도 생기고, 영성도 생기는 것을 경험했습니다. 하나님이 균형을 맞추며 이끌어가시는 것입니다.

하지만 이 순서가 바뀐 사람들이 있습니다. 감성부터 시작하고 영성부터 시작한 사람들입니다. 이들은 아버지의 뜻이 희미하기 때문에 어디로 빠질지 모릅니다. 그래서 더 나은 영성이 있다고 하면 거기가 어디든 가는 것입니다. 그러다가 이단으로도 빠지고 자기의 인생을 허비하게 됩니다.

이것은 참으로 무서운 일입니다. 지나치게 감성에만 의지하고, 뜻을 세우지 않으면 쉽게 넘어집니다. 명확한 말씀의 기초가 있어야 합니다. 그래서 설교 한두 편 들어 보고 좋다고 좇을 것이 아니라 전반적이고 종합적인 뿌리가 무엇인지를 잘 살펴야 합니다.

뜻을 세운 교회도 든든하다

우리 교회는 비교적 정착률이 높은 편인데, 2005년에 새로 온 사람들을 분석해 봤더니 그중 무려 84%가 계속 교회에 남아 있었습니다. 제가 생각한 것보다 훨씬 높은 수치였습니다. 그 이유가 뭔지 생각해 보았더니, 바로 지성 훈련에 있었습니다. 지성 훈련을 제대로 시킨 것이었습니다.

우리 교회를 처음 찾은 이들을 대상으로 하는 프로그램을 보면 신앙의 기초를 잘 다져 주는 것에 중점을 두고 있습니다. 기본적인 신앙 서적들 많이 읽히고 밤낮 공부를 하게 합니다. 그렇게 하니까 결국 신앙의 백그라운드가 생겨서 흔들리지 않는 것입니다. 지식과 정보를 공유하는 것이 이렇게 중요한 것이구나 하는 생각을 다시금 하게 됩니다.

말씀의 지식이 있으니 기도도 오래하는 것입니다. 우리 교회는 철야 기도를 11시부터 4시까지 합니다. 그런데 한 시간 일찍, 10시 정도에 와도 자리가 없습니다. 철야 기도를 오래 하니 주위 사람들이 이상하게 볼 정도입니다.

이처럼 기도가 길어지는 것은 영성도 아니고 감성도 아니라고 생각합니다. 그건 지성 때문입니다. 기도할 거리가 많아야 오래 하는 것입니다. 일주일 동안 품은 것들을 논리적으로 기도하니까 다섯 시간씩 기도할 수 있는 것입니다.

밤낮 "주여, 주여, 주여" 하면서 어떻게 기도합니까? 옆 사람들이

다 도망갑니다. '쉬쉬' 이상
한 소리 내면서 기도하면 주
위 사람들이 듣기에도 불편합
니다. 기도는 내용이 있는 하
나님과의 대화입니다. 지성적
인 이야기니까 다섯 시간도 가
능하고 그 이상도 가능한 것입
니다. 이렇게 하나님의 뜻으
로 철저하게 무장된 그리스도

인은 흔들림이 없는 인생을 살아갈 수 있습니다. 그리고 그런 성도들
이 모이는 교회도 든든해지는 것입니다.

피드백과 **피드포워드**

옛날에는 피드백(feedback)이라는 말을 많이 썼습니다. 피드백은
일종의 시행착오법이라 할 수 있습니다. 무언가 입력을 했는데 제대
로 출력이 안 되면 다시 돌아가서 입력을 다르게 하여 출력을 바꾸는
개념입니다. 그러나 요즘 같은 첨단 시대에는 피드백의 개념으로 무
언가를 하면 안 됩니다. 안이하게 "해 봤더니 이게 아니야"라고 한다
면 망합니다.

예를 들어 반도체 산업 같은 것을 한번 보십시오. 수조 원씩 들여
투자를 해 놓았는데 "이게 아닌가 봐" 한다면 아예 회사 문을 닫아야

하는 것입니다. 다시 해 볼 기회가 어디 있습니까?

그래서 요즘에는 피드백이라는 말 대신 피드포워드(feedforward)라는 말을 많이 씁니다. 실행에 옮기기 전에 미리 뜻을 세우고 준비하는 것입니다. 피드포워드에서 중요한 것은 선견지명(foresight), 즉 미리 보는 것입니다.

그리스도인은 한번 실행해 보고 깨지는 사람들이 아닙니다. 그렇게 피드백 형 성도가 되면 안 됩니다. 그런 분들이 좋아하는 찬송이 있습니다. "천부여 의지 없어서 손들고 옵니다" 하는 찬송입니다. 이리저리 치이고 죄 짓고 난 다음에 "이것이 아니구나"라고 깨닫는 사람은 피드백 인생입니다. 물론 피드백도 해야 합니다. 그런 요소들도 있습니다.

그러나 성경을 잘 보십시오. 요셉이나 다니엘 같은 사람들이 피드백 인생을 살았습니까? 아닙니다. 그들은 피드포워드 인생을 살았습니다. 말씀으로 뜻을 세우고 나중을 알고 갔습니다. 우리도 그들과 마찬가지로 살아야 합니다. 우리는 모르고 가는 인생이 아닙니다. 성경에서 알파 포인트부터 오메가 포인트까지 역사의 흐름을 다 알려 주고 있는데 왜 모르고 갑니까? 성경에서 이렇게 다 알려 주는데, 미리미리 무장을 해야 될 것 아닙니까? 넘어질 게 뻔하면 넘어지지 않도록 손을 써야 합니다.

우리 교회는 젊은이들이 많아서 그런지 닥쳐올 문제가 다섯 가지를 넘지 않습니다. 가정 문제, 이성 문제, 친구 문제, 직업 문제 이런 정도입니다. 그래서 저는 이런 문제가 올 때 이것은 이렇게 대비하고 저것은 저렇게 대비하면 승리한다고 알려 줍니다. 미리 준비하는 것이 아주 중요합니다.

삶은 미리 예측하고 준비해야 한다

10년 전 쯤에 울릉도 선교를 몇 번 갔습니다. 배 타고 가다 보면 도동항이라는 곳에 내립니다. 도동항에서 산 하나만 넘으면 저동항이라는 항구가 나오는데 그곳에는 침례교가 많습니다. 한번은 거기 계시는 한 장로님하고 대화를 나눈 적이 있습니다.

제가 묻기를 "이곳 저동항은 정말 아름다운 항구입니다. 그런데 저기 있는 시멘트 덩어리는 왜 저렇게 높이 만들어 놓았습니까?" 그랬더니 장로님이 가소롭다는 듯 저를 쳐다보더니 물었습니다. "파도가 뭔지 아십니까?" 제가 가만히 보니 장로님 말투가 심상치 않았습니다. 그래서 "모르겠습니다. 한 수 가르쳐 주십시오" 했습니다.

그랬더니 장로님이 그 옆에 있는 20~30미터 언덕을 가리키며 그 절벽을 뛰어넘는 파도가 온다고 했습니다. 저는 상상이 가지 않았습니다. 30미터가 넘는 높은 파도가 온다는 것이 도저히 믿기지 않았습니다. 그런데 장로님은 몇 년에 한 번씩은 그런 파도를 경험한다고 했습니다. 그렇게 넘어오는 파도가 있다는 것입니다.

작은 파도는 올 때 그냥 피하면 된답니다. 강릉 경포대 같은데 놀러 가면 파도가 올 때 팔짝 뛰면서 도망치고, 그러다가 한눈팔아서 바지

젖고 그러지 않습니까? 그런 파도는 파도를 보고 피해도 되는 것입니다. 그러나 20~30미터 되는 파도는 사전에 방파제나 시멘트 덩어리 같은 것을 만들어 놓지 않으면 피할 길이 없다는 것입니다. 그럴 때는 쇠줄로 배를 단단히 묶어 둬야 된답니다. 그러지 않으면 견딜 수가 없다는 것입니다.

저는 그때 준비의 중요성을 깨달았습니다. 우리 인생 가운데 몇 차례는 감당하기 힘든 시험이 옵니다. 그런데 감당 못할 시험에서 이길 수 있는 사람이 누구입니까? 사전에 준비된 사람입니다. 그러니까 자꾸 주위를 환기시키고, 미리 준비해야 하는 것입니다. 말씀으로 무장하고 그것을 다시 반복하고 또 반복하고 그래야 시험이 왔을 때도 흔들리지 않고 견뎌내는 것입니다. 일을 그르치고 나중에 수리하는 방식은 별로 좋지 않습니다.

뜻이 중요합니다. 아버지의 뜻을 알고 아버지의 뜻을 붙들고 기도하며 훈련하는 것, 그것이 지성적인 기도 훈련입니다. 그리고 그것은 우리를 강하게 만드는 힘입니다.

뜻을 정한 기도의 사람은 뻔하게 살지 않는다

뻔할 뻔 자, 뻔하지 않는 삶
아버지의 뜻이 가슴속에 새겨지면 세상 사람들과 똑같은 인생을 살지 않습니다. 전혀 다른 인생을 살게 됩니다.

우리 교회는 새벽 기도에 젊은이들이 많이 나옵니다. 많을 때는 3,000여 명씩 나오고 있는데, 새벽 기도 끝나면 시간도 많고 특별히 할 일이 없습니다. 물론 직장 다니는 사람은 직장으로 가지만 청년들은 할 일이 없으니까 학교에 가기 전에 자기들끼리 모여서 어학 공부를 많이 합니다. 영어 공부도 하고 중국어, 일본어 공부도 하고 그렇습니다. 특히 중국어를 하는 사람들이 많습니다. 중국이나 대만 선교를 많이 다녀서 그런지, 전도 방법인 사영리 정도는 중국어로 말할 수 있는 사람들이 2천 명은 족히 됩니다. 중국 유학생들도 많습니다.

저는 하나님이 다른 은사도 별로 안 주셨지만, 특별히 안 주신 은사가 언어의 은사인 것 같습니다. 젊어서부터 젊은이들 대상으로 사역을 하다 보니, 제가 굳이 외국어를 사용하지 않아도 될 만큼 외국어에 유창한 스텝들이 주변에 항상 많이 있었습니다. 중국을 백 번 가량 다녔어도 저는 아직도 중국어의 사성 기초가 안 됩니다. 제가 "니하오마" 그러면 사람들이 무슨 소리인지 잘 못 알아듣습니다.

이렇게 언어가 안 되는 사람이다 보니 어디 다닐 때는 그 나라 말을 잘하는 형제 한 명을 꼭 데리고 다닙니다. 그중 한 형제인데, 별명이 '덩어리'입니다. 살이 좀 쪄서 제가 농담으로 '비계 덩어리'라고 놀립니다. 이 형제가 중국 유학을 해서 중국어를 아주 유창하게 합니다.

한번은 이 형제와 같이 중국에 간 적이 있습니다. 하루는 그곳에서 아침 10시 연변행 비행기를 타기로 했는데, 아무 안내도 없이 밤 8시가 되어서야 비행기가 출발했습니다. 당시에는 짐을 미리 다 부쳐서 휴대용 가방에 넣었던 책 두어 권을 읽으면서 비행기가 출발하기를 기다렸는데, 그마저도 다 읽고 나니 할 일이 없었습니다.

그때 동행한 이 형제가 제게 물었습니다. "목사님, 제가 재미있는 얘기 하나 해 드릴까요?" 사실 저는 무슨 이야기를 해도 그 형제가 하면 재미없다는 것을 미리 알고 있었지만 너무 심심해서 이야기를 들었습니다. 그랬더니 종이를 한 장 꺼내어 소위 한자 게임을 하는 것입니다. 중국 유학생들이 주로 하는 놀이랍니다. 예를 들면 우물 정(井) 자 쓰고 가운데 점 하나를 찍고 나서는 그게 무슨 글자냐고 묻습니다. 그래서 "모르겠다. 뭐냐?" 그러니까 '퐁당 퐁' 자랍니다. 그 다음에는 뱀 사(蛇) 자와 풀 초(草) 자를 써 놓고는 '사사 삭' 자라고 했습니다. 뱀이 지나가는 소리를 말하는 것입니다.

너무 재미가 없었지만 인내심을 테스트하며 계속 듣고 있는데 한 서른 번쯤에 제가 처음으로 배꼽 잡고 웃게 된 글자가 하나 나왔습니다. 큰 입 구(口) 자 안에 사내 남(男) 자와 계집 여(女) 자를 써 놓은 것입니다. 박스 안에 사내 남과 계집 여라니 좀 야한 느낌이 들어서 "이게 뭐냐?"고 물었습니다. 그러자 그 형제는 "이게 그 유명한 '뻔할 뻔' 자입니다"라고 대답했습니다. 남자와 여자가 한 방에 있으니 뻔한 것 아니겠냐는 것입니다.

얼마나 재미있던지, 제가 정말 오랫동안 웃었습니다. 그런데 한참 웃다가 그런 생각이 들었습니다. '아, 재밌는 말이긴 한데… 그리스도인들도 세상 사람들과 똑같이 뻔할 뻔자로 살아야 하는가?' 저는 그렇지 않다고 생각합니다. 그래서 당시 중국에서 돌아와 했던 설교가 "뻔하게 살지 말자"였습니다.

그리스도인은 뻔한 삶을 **거부하는 사람들**이다

그리스도인의 삶이 무엇입니까? 뻔하게 안 사는 겁니다. 그러면 뻔하게 안 사는 방법이 무엇입니까? 하나님의 말씀을 듣고 하나님의 뜻을 가지고 살아가면 뻔하게 살지 않습니다. 세속의 물결 속에서도 하나님의 말씀, 하나님의 뜻을 가지고 있는 사람, 지적으로 하나님의 말씀을 가슴에 품고 있는 사람들은 그 물결 속에서 저항하게 됩니다. 그러면 뻔하게 살지 않습니다.

말씀대로 살아가는 것, 말씀대로 기도하는 것은 뻔하지 않은 기도를 하는 것입니다. 예수님을 보더라도 겟세마네 동산에서 뻔하지 않은 기도를 하시지 않습니까? 말씀의 기준이 있기 때문입니다.

사도행전 16장에 나오는 바울과 실라를 보십시오. 그들은 빌립보 감옥에서도 기뻐했습니다. 뻔하지 않은 것입니다. 〈쇼생크 탈출〉 같은 영화에도 나오지만 사람들이 감옥에 갇히면 첫 번째로 보이는 반응이 무엇입니까? 울면서 좌절하고 낙심합니다. 그런데 바울과 실라는 왜 그러지 않았을까요? 누구나 다 뻔하게 행동하고 뻔하게 생각하는데, 이들은 감옥에 갇히고도 기도하고 하나님을 찬미했습니다. 그들의 기도와 찬미 소리를 듣고 함께 갇혀 있던 다른 죄수들이 놀랐습니다. 이런 모습이 어떻게 가능했을까요? 하나님을 알고 예수님을 알았기 때문입니다.

우리 그리스도인들은 뻔한 삶을 거부하는 사람들입니다. 누구나 시험과 환난을 만나면 낙담하고 원망하지만 욥 같은 사람을 보십시오. 자식들 다 잃고 모든 재산 다 날아간 상태에서 "내가 모태에서 적신이 나왔사온즉 또한 적신이 그리로 돌아가올지라 주신 자도 여호와시요 취하신 자도 여호와시오니 여호와의 이름이 찬송을 받으실지니이다"(욥 1:21) 이런 고백을 드리지 않습니까? 욥은 "이 모든 일에 범죄하지 아니하고 하나님을 향하여 어리석게 원망하지"(욥 1:22) 않았습니다. 뻔하지 않은 삶입니다.

그러니까 우리는 어떻게 살아야 합니까? 무조건 모든 사람들이 가는 뻔한 길을 거슬러 반대로 살아가면 됩니다. 그런데 왜 사람들이 뻔하게 삽니까? 뜻을 정하지 않았기 때문에 그렇습니다. 뜻을 정하면 뻔하게 살지 않습니다. 그러니까 결국은 우리가 아무리 기도를 많이 해도 뜻을 세우지 않는, 지성이 없는 기도를 하면 뻔한 기도를 드리고 다 무너지게 됩니다.

무엇이 **이끄는 교회인가?**

새들백 교회의 릭 워렌 목사가 30년 전에 성경을 묵상하다가 사도행전 13장 22절에 이르러 의아함을 느끼게 되었답니다. "다윗을 만나니 내 마음에 합한 사람이라." 아무리 생각해도 이해가 안 되었습니다. '다윗'은 불완전한 구석이 많은 사람이지 않습니까? 간음했지, 살인했지, 인구 조사하면서 교만했지, 자식 농사 잘못 지었지…. 그런데 어떻게 "하나님 마음에 합한 사람"이라고 할 수 있겠습니까?

여성들은 몰라도 남성들은 다윗을 별로 좋아하지 않습니다. 미켈란젤로의 '데이빗' 상을 봐도 너무 잘생기고, 눈도 크고, 머리숱도 많고, 너무 잘나서 기분이 조금 나쁘죠. 그래서 릭 워렌 목사님도 의아했던 것입니다. 다윗이 어떻게 '내(하나님) 마음에 합한 자'일까 하는 생각이 들었습니다. 그래서 한참 고민을 했습니다. 성경에 관련한 의문이니 성경으로 풀어야 할 게 아닙니까? 그래서 성경을 더 읽다 보니 36절에 "다윗은 당시에 하나님의 뜻을 좇아 섬기다가 잠들어"라는 구절이 있었습니다.

NIV 성경에는 "David had served God's purpose" 즉 "하나님의 목적을 섬겼다" 이렇게 나와 있습니다. 이분이 여기에 은혜를 받아서 purpose라는 단어에 매혹이 된 것입니다. 그래서 자기 교회를 "Purpose Driven Church" 즉 목적이 이끄는 교회라 했습니다. 그 교회에 대해 쓴 책이 한국에서는 「새들백 교회 이야기」라는 제목으로 번역이 되었습니다. 그리고 개인적인 신앙에 대해서도 책을 썼는데 「목적이 이끄는 삶(*Purpose Driven Life*)」이라고 번역되어 나와 있습니다.

그분 책에는 '목적이 이끄는 삶' 이라고 직역되어 있는데 개역 성경을 보면 purpose라는 단어가 모두 '뜻' 으로 번역이 되었습니다. '목적이 이끄는 삶' 그러면 책을 안 읽은 사람들은 어떤 느낌을 받습니까? 내가 목적을 세우고 내가 열심히 노력해서 무언가를 쟁취하는 것, 그런 느낌을 받게 됩니다. 하지만 '목적이 이끄는 교회, 목적이 이끄는 삶' 이라 할 때 purpose는 누구의 purpose입니까? 하나님의 purpose입니다. 그러니까 좀 더 개역 성경의 의미를 살려 번역한다면 Purpose Driven Life'는 '아버지의 뜻이 나를 이끌어가는 삶' 정도면 좋을 것 같습니다.

그렇다면 'purpose driven prayer' 는 어떤 것입니까? "아버지의 뜻이 이끌어가는 기도"가 될 것입니다. 그것이 바로 지성적 기도입니다.

모든 교회는 하나님의 뜻에 이끌려 가야 합니다. 기도 또한 그렇습니다. 우리의 기도는 하나님의 뜻에 이끌리는 기도가 되어야 합니다. 이는 너무나 당연한 이치입니다.

'목적이 이끄는 삶' 으로 릭 워렌이 한국 교회에 충격을 줬다는 것은, 결국 한국 교회에 그 부분이 부족했다는 뜻입니다. 그러므로 한국 교회에 더욱 필요한 것은 감성도 아니고 영성도 아니고 지성이라고 할 수 있습니다. 그러니까 성경을 열심히 읽고 그 다음에 기도를 해야 하는 것입니다. "아버지의 뜻이 무엇입니까?" 하면서 먼저 묻고 그 다음에 감성도 필요하고 영성도 필요한 것입니다. 그렇게 균형을 이루어야 하는 것입니다.

뻔한 것을 깨면 변화가 따라온다

뻔한 인식을 깨면 **주변이 변한다**

아버지의 뜻을 가지고 있으면 뻔한 것들을 다 깨 버리게 됩니다. 그렇다면 뻔한 것을 깨는 것이 무엇입니까? 예를 하나 들겠습니다.

우선 '젊은이' 하면 어떤 뻔한 이미지가 떠오릅니까? 밤 문화에 익숙해져 있다는 것입니다. 우리 교회는 밤 문화에 익숙한 젊은이들이 많이 모이고, 도심에 있으니까 다들 새벽 기도는 불가능할 것이라 생각했습니다. 그래서 새벽 기도에 대한 뻔한 인식부터 깼습니다. 서울 도심에, 동네 사람들이라고는 없고, 밤 문화에 익숙한 젊은이들만 모여 있지만 새벽 기도에 불을 붙였습니다.

기도는 마음과 영혼을 하나님께 토해 놓는 신실하고, 지각 있고, 애정 어린 행동이다.

기도는 그리스도를 통해, 성령의 힘과 도움을 의지하여 하나님이 약속하신 것들 구하는 행동이다.

기도는 하나님의 말씀을 따라 하나님의 뜻에 믿음으로 순종함으로 교회의 유익을 구하는 행동이다. – 존 번연 그런데 정말 많이 나옵니다. 특별 새벽 기도 같은 경우는 사람이 너무 많아서 5시, 6시, 7시, 이렇게 3부로 나누어서 할 정도입니다. 물론 평소 새벽 기도에도 많이 옵니다. 사실 특별 새벽 기도는 기도 안 하던 사람들 한 번 모으자는 의미이고 중요한 것은 매일 매일의 삶입니다. 예수님도 습관을 좇아 기도하셨다고 했는데 저는 이 일상적인 기도가 매우 중요하다고 생각합니다.

어떤 분들은 거창한 기도나 슬로건을 좋아합니다. 그러나 슬로건이 많다는 것은 오히려 알맹이가 없기 때문일 수 있습니다. '오죽 행동을 못하면 저렇게 슬로건을 내걸까' 싶은 생각입니다. 북한을 보면 슬로건이 아주 많습니다. 결국 슬로건은 우리 실제 삶이 아닙니다. "서울을 뒤집자!" "무슨 무슨 동네를 뒤집자!" 이런 슬로건은 필요 없습니다. 실천이 중요한 것입니다.

저는 '나도 나를 변화 못 시키는데 내가 누구를 변화시킬까?' 라는 생각을 합니다. 지금도 성도를 변화시킨다거나 누구를 변화시킬 마음은 없습니다. 그래서 '나나 잘 변화시키자' 로 마무리를 합니다. 2005년에 어떤 영화로 인해 유행했던 유명한 말이 있습니다. "너나 잘하세요"입니다. 저는 나나 잘하려고 하는 사람입니다. 그래서 결국은 "무엇이 하나님의 뜻입니까?"라고 물으면서 나름대로 발버둥을 치고 있는 것입니다. 사실 남에 대해서 많은 관심을 갖거나 조언할 입장은 전혀 못 됩니다.

하여튼 우리 교회는 새벽 기도 하나는 열심히 모였습니다. 그러다 보니 주변이 조금씩 변하기 시작했습니다.

처음에 한 800명 정도 모일 때는 교회에서 오뎅국을 끓여서 아침으로 주었습니다. 그런데 800명이 넘으니까 이게 교회인지 식당인지 구분이 안 되기 시작했습니다. 그래서 그 다음부터는 밥 대신 빵을 주었습니다. 그래도 워낙 많이 모이니까 그것도 앞에 온 사람들만 받고 뒤에 온 사람들은 못 받게 되었습니다. 그래서 나중에는 아예 아무것도 안 주기로 했습니다.

그래도 아침은 먹어야 할 것 아닙니까? 저는 보통 3시에 교회로 출근하고, 우리 교회 교역자들과 간사들도 4시면 다 나옵니다. 그러니 7시쯤 되면 배가 고파서 쓰러질 지경입니다. 그래서 주변에 있는 식당에 가서 밥을 먹기 시작했습니다. 그러니 주변 식당들이 모두 새벽에 문을 엽니다. 어떤 식당은 매출의 반 이상이 아침 식사랍니다. 그렇게 식당이 문을 여니까 재료 파는 사람들도 일찍 문을 열기 시작했습니다. 그리고 젊은이들이 많으니 커피 전문점도 문 열고, 그 다음에 문방구도 문 열고, 그러니까 우리 동네 상점들은 이른 아침에 거의 문을 엽니다.

우리가 그 동네를 향해 "아침에 깨라"고 말한 적이 한 번도 없습니다. 그런데 결국 모두 아침에 깨게 되었습니다. 동네 땅 값도 올랐습니다. 우리 교회 성도들이 하루에 와서 쓰는 돈이 적지 않으니 자꾸만 부자가 되어 가는 것입니다. 이렇게 사람이 무서운 것입니다. 엄청나게 몰려다니니까 동네를 다 깨우는 것입니다. 새벽에 몰려다니면서 밥만 사 먹으면 다 깨어나게 되어 있습니다.

뻔한 것을 깨면 **내가 변한다**

우리는 뻔하지 않습니다. 그렇게 살지 않습니다. 세상의 뻔한 젊은 이들이 바람직하지 않은 밤 문화에 익숙해서 늦게 잠들고 늦게 일어날 때, 우리 교회 젊은이들은 일찍 자고 일찍 깨어 새벽을 여는 것입니다.

생활 패턴이 바뀌니까 하루가 아주 깁니다. 저는 설교 준비도 12시 점심시간 전까지 다 합니다. 하루를 일찍 시작해서 그런지 삼일교회 청년들은 공부를 무지 잘합니다. 그럴 수밖에 없는 것이, 새벽부터 깨서 공부를 하는데 공부를 못하겠습니까?

앞에서 언급한 것처럼 어학 공부도 열심히 하고, 전공 공부도 열심히 하고, 성경 공부도 열심히 하고, 뭐든 열심히 합니다. 그래서 우리 교회에서는 3개국어를 해도 명함을 못 내밉니다. 그리고 우리 교회 청년들이 사법 고시에 제일 많이 붙었을 때는 41명까지 붙었습니다. 이 모든 것이 아침에 깨면 되는 것입니다. 이렇게 뻔한 것을 깨 버리면 나 자신도 변하고 주위 환경도 변하게 되는 것입니다.

뻔한 것을 깨면 **교회도 변한다**

대부분의 교회는 주일 저녁 예배 때 사람이 제일 적다고 들었습니다. 피곤하니까 오후에는 보통 집에서 쉽니다. 저는 이 뻔한 것을 깨고 싶었습니다. "오후 예배드리는 교회는 틀렸다"고도 하는데, 저는 하나님의 교회가 저녁에 불 꺼져 있는 게 싫었습니다. 저는 주일에 여덟 번, 세 가지 설교를 합니다. 첫째는 전체 설교, 그 다음은 젊은 이들을 대상으로 하는 설교, 그리고 마지막으로 저녁 예배 설교를 합니다.

대부분 교회에서는 목사님들이 주일 오전 설교를 제일 중요하게 여깁니다. 하지만 저는 그렇지 않습니다. 재미있는 예화라든지 중요한 통찰(insight)은 다 저녁으로 몰아 버립니다. 물론 주일 낮 예배 설교도 심혈을 기울여 준비하지만, 저녁 예배 설교에 더 많은 힘을 쏟습니다.

왜냐하면 예수 믿는 사람들이라면 주일 아침 예배에는 모두 알아서 나오기 때문입니다. 그렇게 저녁 예배 때 모든 걸 다 쏟아 부으니까 지금은 성도들이 저녁 예배 때 제일 많이 나옵니다. 이렇게 뻔한 것은 모두 깨 버립니다.

결국엔 하나님의 뜻을 아는 기도의 사람이 승리한다

우리가 뜻을 세우고 말씀의 기준을 가지고 악한 마귀가 일으키는 세속의 물결과 부딪혀 싸우면, 뻔한 것들을 깨기 시작하면, 결국은 승리하게 됩니다.

하나님의 뜻을 아는 지성은 어디로 연결되어 있습니까? 지성으로 무장된 사람들이 세상과 부딪히면 야성이 나타나게 됩니다. 그게 감정일 수도 있고 감성적인 기도가 될 수도 있는 것입니다.

4~5시간 기도하는데 조용히만 기도하겠습니까? 어디까지가 지성 기도고, 어디까지가 감성 기도, 어디까지가 영성 기도라는 것은 없습니다. 다 섞여 있는 것입니다. 그런데 와서 구경하는 사람들이 볼 때는 지성은 하나도 없어 보입니다. 그러나 그 베이스에 깔려 있는 것은 지성입니다. 저라는 사람도 이렇게 언뜻 보면 야성적인 것같이 보이지만, 베이스에 깔린 것은 지성이 아닐까 생각합니다.

"그러니까 기도해야 한다"

1. 그리스도인의 영적 생활은 그의 기도 수준을 뛰어넘을 수 없다.
2. 교회가 궁극적으로 그 교회됨을 얼마나 잘 드러내느냐는 교회의 공동적인 기도의 수준을 뛰어넘을 수 없다.
3. 교회의 공동적인 기도 생활은 교회를 구성하는 개인의 기도 생활 수준을 뛰어넘을 수 없다.
4. 그리스도인의 기도 생활은 그가 드리는 인격적이고 정기적인 예배의 수준을 뛰어넘을 수 없다.
   - 짐 그래함

3. 기도는 기도함으로써 배운다

기도에 관해 말하려 하지 말고 직접 기도하라

기도를 배우려고 기도에 대한 강의를 듣고 책을 읽는 것도 중요하지만, 무엇보다 중요한 것은 직접 기도하는 것입니다. 기도는 기도도 배우는 것이지 어디서 기도를 배우겠습니까? 기도에 대한 책들이 많이 읽히고 기도에 대한 세미나에 많은 사람들이 참석하는 것은 매우 희망적인 현상이지만, 바라기는 그보다 훨씬 더 많는 사람들이 기드회에 참석하고 직접 기도하기를 바라는 마음입니다.

우리 교회도 기도 세미나를 해 봤는데, 세미나를 한다고 해서 기도가 되는 것이 아니었습니다. 기도회에 한두 번쯤 나와서 실제로 몇 시간씩 기도하고 나니까 기도의 사람이 되는 것을 종종 목격하게 됩니다.

기도는 직접 기도하면서 배우고 알아 가는 것입니다. 그리고 무엇보다 우리는 기도를 통해 살아 계신 성령님을 만나야 합니다. 성령께서 우리를 지성의 자리로 이끌어 가시고, 또 우리를 감성으로 불붙여 주시고, 그 다음에 주님을 깊이 만나는 영혼의 지성소, 영성의 자리로 이끌어 가실 것입니다.

같지만 다른 기도의 측면들, 지성과 감성, 영성이라는 세 가지 주제를 통해서 균형 잡힌 믿음과 기도의 사람으로 거듭나는 하나님의 백성이 되길 바랍니다.

"진실로 너희에게 이르노니 무엇이든지 너희가 땅에서 매면 하늘에서도 매일 것이요 무엇이든지 땅에서 풀면 하늘에서도 풀리리라"(마 18:18).

기도는 하나님 뜻을 영혼에 새기는 것이다

기도의 출발은 지성입니다.

지성적인 기도는 하나님의 말씀에 내가 설득당하는 것입니다. 말씀의 기준과 자신의 삶이 충돌할 때 말씀을 받아들이고 나를 변화시키는 것, 그것이 기도입니다. 내 뜻을 하나님께 관철시키는 것이 아니라 오히려 내가 말씀대로 변화받는 것입니다.

예수님은 아버지의 뜻을 중심으로 사신 분이었고 아버지의 뜻대로 생각했으며 아버지의 뜻을 구하고 순종했습니다. 우리도 인생의 기초를 아버지의 뜻에 두어야 합니다. 그래야 든든한 기반 위에서 뜻을 세운 인생이 되어 미혹되지 않습니다. 감당하기 힘든 시험이 와도 절대 넘어지지 않습니다.

아버지의 뜻이 가슴속에 새겨지면 세상 사람들과 똑같은 인생을 살지 않습니다. 뻔하지 않은, 변화된 삶을 살게 되는 것입니다. 우리가 뜻을 세우고 기도하며 뻔한 것들을 깨기 시작하면 내가 변하고, 우리 주변이 변하고 교회가 변합니다. 결국에는 세상에서 승리하게 됩니다.

기도함으로 기도를 배우십시오. 성령께서 우리를 지성의 자리로 이끄시고 또한 감성으로 불붙이시고, 주님을 깊이 만나는 영성의 자리로 이끄실 것입니다.

성경은 기도를 명하고 가르친다

주는 하늘에서 저희의 기도와 간구를 들으시고 그 일을 돌아보옵소서 (왕상 8:45).

여호와와 그 능력을 구할지어다 그 얼굴을 항상 구할지어다 (대상 16:11).

낮에는 여호와께서 그 인자함을 베푸시고 밤에는 그 찬송이 내게 있어 생명의 하나 님께 기도하리로다 (시 42:8).

시시로 저를 의지하고 그 앞에 마음을 토하라 하나님은 우리의 피난처시로다 (시 62:8).

하나님이 실로 들으셨으며 내 기도 소리에 주의하셨도다 (시 66:19).

저가 사모하는 영혼을 만족케 하시며 주린 영혼에게 좋은 것으로 채워 주심이로다 (시 107:9).

여호와께서는 자기에게 간구하는 모든 자 곧 진실하게 간구하는 모든 자에게 가까 이하시는도다 (시 145:18).

너의 행사를 여호와께서 맡기라 그리하면 너의 경영하는 것이 이루리라 (잠 16:3).

시험에 들지 않게 깨어 있어 기도하라 (마 26:41).

새벽 오히려 미명에 예수께서 일어나 나가 한적한 곳으로 가사 거기서 기도하시더니(막 1:35).

구하라 그리하면 받으리라 너희 기쁨이 충만하리라(요 16:24).

아무것도 염려하지 말고 오직 모든 일에 기도와 간구로 너희 구할 것을 감사함으로
하나님께 아뢰라(빌 4:6).

기도를 항상 힘쓰고 기도에 감사함으로 깨어 있으라(골 4:2).

쉬지 말고 기도하라(살전 5:17).

하나님의 말씀과 기도로 거룩하여짐이니라(딤전 4:5).

우리가 긍휼하심을 받고 때를 따라 돕는 은혜를 얻기 위하여 은혜의 보좌 앞에 담대
히 나아갈 것이니라(히 4:16).

오직 믿음으로 구하고 조금도 의심하지 말라(약 1:6).

너희 중에 고난당하는 자가 있느냐 저는 기도할 것이요(약 5:13).

믿음의 기도는 병든 자를 구원하리니 주께서 저를 일으키시리라(약 5:15).

너희 염려를 다 주께 맡겨 버리라 이는 저가 너희를 권고하심이니라(벧전 5:7).

하나님은 우리 기도에 응답을 약속하셨다

내 이름으로 일컫는 내 백성이 그 악한 길에서 떠나 스스로 겸비하고 기도하여 내 얼굴을 구하면 내가 하늘에서 듣고 그 죄를 사하고 그 땅을 고칠지라(대하 7:14).

네가 만일 하나님을 부지런히 구하며 전능하신 이에게 빌고 또 청결하고 정직하면 정녕 너를 돌아보시고 네 의로운 집으로 형통하게 하실 것이라(욥 8:5-6).

나는 너를 애굽 땅에서 인도하여 낸 여호와 네 하나님이니 네 입을 넓게 열라 내가 채우리라…(시 81:10).

환난 날에 나를 부르라 내가 너를 건지리니 네가 나를 영화롭게 하리로다(시 50:15).

너희는 내게 부르짖으며 와서 내게 기도하면 내가 너희를 들을 것이요 너희가 전심으로 나를 찾고 찾으면 나를 만나리라(렘 29:12-13).

너는 내게 부르짖으라 내가 네게 응답하겠고 네가 알지 못하는 크고 비밀한 일을 네게 보이리라(렘 33:3).

너는 기도할 때에 네 골방에 들어가 문을 닫고 은밀한 중에 계신 네 아버지께 기도하라 은밀한 중에 보시는 네 아버지께서 갚으시리라(마 6:6).

너희가 기도할 때에 무엇이든지 믿고 구하는 것은 다 받으리라 하시니라(마 21:22).

구하는 이마다 받을 것이요 찾는 이가 찾을 것이요 두드리는 이에게 열릴 것이니라
(눅 11:10).

하물며 하나님께서 그 밤낮 부르짖는 택하신 자들의 원한을 풀어 주지 아니하시겠
느냐 저희에게 오래 참으시겠느냐 내가 너희에게 이르노니 속히 그 원한을 풀어 주
시리라 그러나 인자가 올 때에 세상에서 믿음을 보겠느냐 하시니라(눅 18:7-8).

너희가 내 안에 거하고 내 말이 너희 안에 거하면 무엇이든지 원하는 대로 구하라
그리하면 이루리라(요 15:7).

그날에는 너희가 아무것도 내게 묻지 아니하리라 내가 진실로 진실로 너희에게 이
르노니 너희가 무엇이든지 아버지께 구하는 것을 내 이름으로 주시리라 지금까지
는 너희가 내 이름으로 아무것도 구하지 아니하였으나 구하라 그리하면 받으리니
너희 기쁨이 충만하리라(요 16:23-24).

너희 중에 누구든지 지혜가 부족하거든 모든 사람에게 후히 주시고 꾸짖지 아니하
시는 하나님께 구하라 그리하면 주시리라 오직 믿음으로 구하고 조금도 의심하지
말라 의심하는 자는 마치 바람에 밀려 요동하는 바다 물결 같으니 이런 사람은 무엇
이든지 주께 얻기를 생각하지 말라(약 1:5-7).

이러므로 너희 죄를 서로 고하며 병 낫기를 위하여 서로 기도하라 의인의 간구는 역
사하는 힘이 많으니라(약 5:16).

그를 향하여 우리의 가진 바 담대한 것이 이것이니 그의 뜻대로 무엇을 구하면 들으
심이라 우리가 무엇이든지 구하는 바를 들으시는 줄을 안즉 우리가 그에게 구한 그
것을 얻은 줄을 또한 아느니라(요일 5:14-15).